Début d'une série de documents en couleur

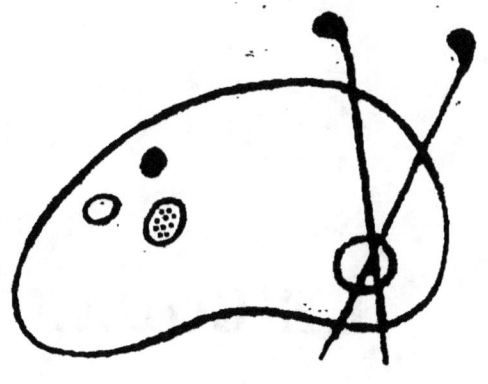

Fin d'une série de documents en couleur

LE CODEX

DE SAINT-JACQUES-DE-COMPOSTELLE

LIVRE IV

IMP. GEORGES JACOB, — ORLÉANS.

LE CODEX
DE SAINT-JACQUES-DE-COMPOSTELLE

(LIBER DE MIRACULIS S. JACOBI)

LIVRE IV

Publié pour la première fois en entier

PAR

Le P. F. FITA

Membre titulaire de l'Académie royale d'histoire de Madrid

AVEC LE CONCOURS DE

Julien VINSON

Correspondant de la même Académie,
Professeur à l'École nationale des langues orientales vivantes.

PARIS
MAISONNEUVE ET Cⁱᵉ, LIBRAIRES-ÉDITEURS
25, QUAI VOLTAIRE, 25

cIɔ Iɔ CCC LXXXII

Le précieux texte que nous devons au zèle et à la science de M. Fita se recommande de lui-même, et je ne me permettrais pas d'y ajouter quoi que ce soit, si je ne croyais avoir à appeler l'attention sur certains passages du *Codex* de Compostelle et à présenter quelques observations d'intérêt général.

Je ne reviendrai pas sur les importantes questions relatives à l'authenticité du manuscrit, à son auteur et à sa date; M. Fita et M. Dozy entre autres sont en désaccord sur ces divers points, et ce n'est pas à moi qu'il appartient de prononcer définitivement, *non nostrum inter vos*..... Mais je dois signaler les passages du texte ci-joint où l'on trouve à cet égard des renseignements précieux. Au chapitre V, Aymeric ou l'auteur du *Codex*, quel qu'il soit, donne les noms d'un certain nombre de pèlerins ou de voyageurs qui, « *citra* annum Dominicum 1120 », réparèrent la route de Compostelle et relevèrent le pont de Puerto Marin sur le Minho, du temps d'Alphonse, roi d'Aragon et de Galice (1104-1134), de Louis-le-Gros, roi de France (1108-1137), sous le pontificat de Calixte II (1119-1124), et pendant que le siége épiscopal de Compostelle était occupé par Didace ou Diégo Gelmirez. — Au chapitre VII (4º §), il est dit que le droit de passage des *gaves* et des *ports* des Pyrénées était perçu au profit des seigneurs Raimond de Soule, Vivien de Gramont, Arnauld de Guyenne et le vicomte de Saint-Michel; les généalogistes pourraient aisément rechercher et établir les dates exactes auxquelles vivaient les trois premiers personnages : Raymond de Soule serait peut-être, par exemple, l'un des trois vicomtes Raymond-Guillaume cités par Oihenart (1040-1062, 1187-1200,

1240-1254) ; ce ne peut être l'évêque de Lescar Raymond II, dont le même écrivain cite le nom à la date de 1150, car la *Gallia christiana* (1785, t. I, col. 1073 et ssq.) rejette ce Raymond II à 1303-1307. — Au chapitre IX, il est dit que la cathédrale de Saint-Jacques fut commencée « in era 1116 », 59 ans avant la mort d'Alphonse d'Aragon (1134), 62 avant le meurtre de Henri Ier d'Angleterre (1135) et 63 avant la mort de Louis-le-Gros (1137) ; la construction dura 44 ans, ce qui reporte environ à l'an 1118 de l'ère chrétienne la date la plus ancienne possible du manuscrit. — Ailleurs le *Codex* se prévaut d'un canon du concile de Latran (1127), et il est censé avoir été vu et approuvé en 1139 par le pape Innocent II (1130-1143). C'est en 1173 qu'Arnaud de Mont, moine de Ripoll, aurait reçu communication du manuscrit dont il copia trois livres ; il est assez remarquable que notre livre IV soit qualifié « cinquième » par de Mont : la description qu'il en donne concorde parfaitement avec l'original.

J'ai hâte d'arriver au passage qui se rapporte le plus à mes études particulières, celui du chapitre VII dont nous donnons un *fac-simile*, celui qui est relatif aux mœurs et au langage des Basques. Le prince L.-L. Bonaparte et moi en avons parlé dans la *Revue de Linguistique* (t. XIV, p. 120-145 et p. 269-274). Je ne suis point encore convaincu de mon erreur, et je persiste dans mes opinions contrairement à celles du prince. Il me paraît bien difficile d'admettre un u nasal au XIIe siècle, de voir dans le *ra* d'*elicera* l'article *a* précédé d'un *r* euphonique ; en ce qui touche le dernier exemple, ne faudrait-il pas également *andrera* et non *andrea* « la dame » ? *Uric* « de l'eau » *elicera* « à l'église », sont des formes du langage courant qu'un voyageur peut fort bien confondre avec le thème nominatif. Quant à l'attribution des mots basques au dialecte de Roncal, quant au voyage d'Aymeric dans cette vallée, le *Codex* nous indique très-exactement par où a passé le voyageur : il est arrivé à Saint-Jean-Pied-de-Port par Ostabat ; puis il a passé à Saint-Michel, a gravi les hauteurs d'Altabiscar, laissant à sa droite le Val-Carlos, s'est arrêté à l'hôpital de Roncevaux et s'est dirigé vers Estella par Biscarret, Larrasoaña,

Pampelune, Puente-la-Reyna et Lorca. Cette partie du pays basque comprend aujourd'hui des cantons linguistiques du Bas-Navarrais occidental et du Haut-Navarrais méridional.

Une dernière remarque. Dans la passion de saint Eutrope, notre auteur emploie le mot *admirandus*, avec le sens évident de « chef ». M. Fita semble disposé à y voir le sémite אמיר (*emir*) et l'espagnol *almirante*, français *amiral*. Mais les formes *almirandus, almiratus, almiragius*; esp. *almirante, almiraje*; ital. *almiragglio, almiraglio*; flam. *ammiraël*; angl. *admiral*; rappellent plutôt le latin *admirari*: ce serait « chef » dans le même sens que le grec ἐπίσκοπος. Cf. au surplus Dozy, dans la deuxième édition d'Engelmann.

Luisant, près Chartres, 6 juin 1882.

Julien VINSON.

LE LIVRE IV

DU *CODEX* DE SAINT-JACQUES DE COMPOSTELLE

(XIIe SIÈCLE)

Pour offrir une base plus solide et plus étendue aux discussions qu'a soulevées (1) la découverte ou plutôt l'étude complète du IVe livre (2) du *Codex* de Saint-Jacques de Compostelle (*Codex a domno Papa Calixto primitus editus*), nous publions intégralement ci-après, pour la première fois, ce IVe livre, remanié et considérablement augmenté par le Poitevin Aimery Picaud, vers l'an 1140 après J.-C. (3). Nous en donnons le texte collationné sur l'original même. Nous donnons un *fac-simile* du passage où se lit le petit vocabulaire basque, d'après une photographie que nous devons à l'obligeance d'un chanoine de Saint-Jacques, dom Antonio Lopez Ferreiro.

Encore aujourd'hui, tout le long de la voie qui mène à Compostelle, persiste le souvenir de ces grands pèlerinages que la France

(1) *Revue*, t. XIV, p. 120, 269.
(2) Le cinquième, d'après Arnaud Dumont, moine de Ripoll (Catalogne), qui décrivit en 1173 l'original, conservé encore aujourd'hui dans les archives de la cathédrale de Compostelle.
(3) Voyez à ce sujet : Léopold Delisle, *Note sur le recueil intitulé : « De miraculis sancti Jacobi »*, Paris, 1878; cf. aussi *Recuerdos de un viaje à Santiago de Galicia*, por el P. Fidel Fita y Don Aureliano Fernandez Guerra, *Madrid*, 1880. Dans un article en quelque sorte supplémentaire de cet ouvrage (*Ilustracion católica* de Madrid, n^{os} des 7 et 14 novembre 1881), j'ai répondu aux observations de M. Dozy. Elles n'ébranlent pas mon opinion, mal comprise ou rendue d'une manière assez inexacte par l'écrivain hollandais.

du moyen âge faisait au tombeau de Saint-Jacques. Partout on appelle *camino francés* cette voie qui, du reste, suit presque partout le trajet des anciennes voies romaines. La plupart des boutades que le pèlerin du Poitou décoche contre ceux qui le tourmentèrent sont passées en proverbes dans la langue espagnole. Nous n'en citerons qu'un seul : *Camino francés, venden gato por res* (1).

Inutile d'ajouter que la transcription du texte compostellan est ramenée aux lois de l'orthographe. Si parfois quelque mot a été omis par une distraction de l'auteur, nous le plaçons entre parenthèses.

M. Vinson a bien voulu nous aider dans ce travail ; nous lui devons l'identification des localités françaises et quelques notes précieuses.

INCIPIT LIBER QUARTUS S. JACOBI APOSTOLI

Argumentum beati Calixti Papæ. — Si veritas a perito lectore nostris voluminibus requiratur ; in huius codicis serie, amputato hæsitationis scrupulo, secure intelligatur. Quæ enim in eo scribuntur, multi, adhuc viventes, vera esse testantur.

CAPUT I. — *De viis sancti Jacobi apostoli.*

Quatuor viæ sunt, quæ ad sanctum Jacobum tendentes, in unum, ad Pontem Reginæ (2), in oris Hispaniæ coadunantur : alia per sanctum Ægidium et Montem Pessulanum et Tolosam et Portus Asperi (3) tendit ; alia per sanctam

---

(1) *Chemin français, on y vend du chat pour de la viande.*
(2) Puente-la-Reina.
(3) Saint-Gilles (Gard), Montpellier, Toulouse, le port d'Aspe.

Mariam Podii et sanctam Fidem de Conquis et sanctum Petrum de Moyssaco (1) incedit; alia per sanctam Mariam Magdalenam Viziliaci et sanctum Leonardum Lemovicensem et urbem Petragoricensem (2) pergit; alia per sanctum Martinum Turonensem et sanctum Hilarium Pictavensem et sanctum Joannem Angeliacensem, et sanctum Eutropium Sanctonensem et urbem Burdegalensem (3) vadit. Illa quæ per Sanctam Fidem (4), et alia quæ per sanctum Leonardum (5), et alia quæ per sanctum Martinum (6) tendit, ad Hostavallam (7) coadunantur; et, transito portu Ciseræ (8), ad Pontem Reginæ sociantur viæ quæ per portus Asperi transit. Et una via exinde usque ad sanctum Jacobum efficitur.

Cap. II. — *De dietis itineris sancti Jacobi*. CALIXTUS PAPA

A portibus Asperi usque ad Pontem Reginæ, tres paucæ habentur dietæ. Prima est a Borcia, quæ est villa in pede montis Asperi, sita adversus Gasconiam, usque ad Jaccam; secunda est a Jacca usque ad montem Reellum; tertia est a Monte Reello (9) usque ad Pontem Reginæ.

(1) Le Puy, Conques (Aveyron), Moyssac.
(2) Vézelay, Saint-Léonard (Haute-Vienne), Périgueux.
(3) Tours, Poitiers, Saint-Jean-d'Angély, Saintes, Bordeaux.
(4) Conques (Aveyron).
(5) Saint-Léonard (Haute-Vienne).
(6) Tours.
(7) Ostabat.
(8) Le port de Cize.
(9) Monréal.

A portibus vero Cisereis usque ad sanctum Jacobum tredecim dietæ habentur. Prima est a villa sancti Michaelis, quæ est in pede portuum Ciseræ, versus scilicet Gasconiam, usqne ad Biscaretum : et ipsa est parva. Secunda est a Biscareto usque ad Pampiloniam : et ipsa est pauca. Tertia est a Pampilonia urbe usque ad Stellam (1). Quarta est a Stella usque ad Nageram urbem, scilicet equitibus. Quinta est a Nagera usque ad urbem quæ dicitur Burgas, similiter equitibus. Sexta est a Burgis usque ad Frumestam (2). Septima a Frumesta usque ad sanctum Facundum (3) est. Octava est a sancto Facundo usque ad urbem Legionem (4). Nona est a Legione usque ad Raphanellum (5). Decima est a Raphanello usque ad Villamfrancam (6), scilicet in bucca Valliscarceris (7), transitis portibus montis Iraci (8). Undecima est a Villafranca usque ad Triacastellam (9), transitis portibus montis Februarii (10). Duodecima est a Triacastella usque ad Palatium (11). Terdecima vero est a Palatio usque ad sanctum Jacobum : et ipsa modica est.

(1) Viscarret, Estella.
(2) Burgos, Frómista.
(3) Sahagun.
(4) Léon.
(5) Rabanal.
(6) Villafranca del Bierzo.
(7) Valcárcel.
(8) Irago.
(9) Triacastella, province de Lugo.
(10) Febrero, ou Cebrero.
(11) Palaz de Rey.

CAP. III. — *De nominibus villarum sancti Jācobi itineris.*

A portibus Asperi usque ad Pontem Reginæ, hæ villæ in via Jacobitana habentur. Primitus est in pede montis, versus Gasconiam, Borcia ; inde transito montis cacumine est hospitalis sanctæ Christinæ ; inde Canfrancus ; inde Jacca ; inde Osturiz (1) ; inde Thermas, ubi regales balnei jugiter calidi habentur ; inde Mons Reellus ; inde Pons Reginæ constat.

A portibus vero Cisereis in beati Jacobi itinere usque ad eius basilicam Gallæcianam hæ villæ majores habentur. Primitus in pede eiusdem montis Ciserei, versus scilicet Gasconiam, est villa sancti Michaelis ; deinde transito cacumine eiusdem montis reperitur hospitale Rotolandi ; deinde villa Runcievallis ; deinde reperitur Biscarellus ; inde Resogna (2) ; inde urbs Pampilonia ; inde Pons Reginæ. Inde Stella, quæ pane bono, et optimo vino, carne et piscibus fertilis est, cunctisque felicitatibus plena. Inde est Arcus (3) ; inde Grugnus (4) ; inde Villarubea (5) ; inde urbs Nagera ; inde sanctus Dominicus (6) ; inde Radicellas (7) ; inde Belfuratus (8) ; inde Francavilla ; inde

(1) Osteriz, Tiermas.
(2) Larrasoaña. On voit bien que *gn* est pour ñ. De même plus bas : *Grugnus* (Logroño).
(3) Los Arcos.
(4) Logroño.
(5) Villarroya.
(6) Santo Domingo de la Calzada.
(7) Redecilla del Campo.
(8) Belorado.

nemus Oquæ (1) ; inde Altaporca (2) ; inde urbs Burgas. Inde Alterdalia (3) ; inde Furnellos (4) ; inde Castrasorecia ; inde pons Fiteriæ ; inde Frumesta ; inde Carrionus (5), quæ est villa habilis et optima, pane et vino carne et omni fertilitate felix. Inde est sanctus Facundus, omnibus fertilitatibus affluens, ubi est pratum (6), ubi hastæ fulgurantes victorum pugnatorum ad Domini laudem, infixæ olim, fronduisse referuntur ; inde ɛt Manxilla (7) ; inde Legio, urbs regalis et curialis, cunctisque felicitatibus plena. Inde est Orbega (8) ; inde urbs Osturga (9) ; inde Raphanellus (10) qui Captivus cognominatus est ; inde portus montis Iraci ; inde Sicca Molina (11) ; inde Ponsferratus (12) ; inde Carcavellus (13) ; inde Villafranca de bucca Valliscarceris. Inde castrum Sarracenicum (14) ; inde Villaus (15) ; inde portus montis Februarii ; inde hospitale in cacumine eiusdem montis ; inde Linar de Rege ; inde Triacastella, in pede scilicet eiusdem montis in Gallæcia, ubi peregrini accipiunt petram et secum deferunt

(1) Montes de Oca.
(2) Atapuerca.
(3) Tardajos.
(4) Hornillos del Camino.
(5) Castrojeriz, Hitero de rio Pisuerga, Carrion de los Condes.
(6) Le fait est raconté dans le livre précédent du *Codex*.
(7) Mansilla de las Mulas.
(8) Bourg avec hôpital sur le fleuve Orvigo.
(9) Astorga.
(10) Rabanal.
(11) Molina seca.
(12) Ponferrada.
(13) Cacabelos.
(14) Villa Sarracin.
(15 Villa de Urz.

usque ad Castaniollam ad faciendam calcem ad opus basilicæ Apostolicæ; inde est villa sancti Michaelis; inde Barbadellus; inde pons Mineæ (1); inde Sala Reginæ; inde Palatium Regis. Inde campus Levurarius; inde sanctus Jacobus de Boento; inde Castaniolla (2); inde Villanova; inde Ferreras; inde COMPOSTELLA apostolica, urbs excellentissima, cunctis deliciis plenissima, corporale talentum beati Jacobi habens in custodia; unde felicior et excelsior cunctis Hispaniæ urbibus est approbata.

Idcirco has villas et præfatas dietas præscriptione restrinxi pro exceptione, ut peregrini ad sanctum Jacobum proficiscentes expensas suo itineri necessarias sibi, hæc audientes, præmeditari studeant.

Cap. IV. — *De tribus hospitalibus cosmi.*

Tres columnas valde necessarias ad sustinendos pauperes suos maxime Dominus in hoc mundo instituit: hospitale scilicet Jerusalem, et hospitale montis Jocci, et hospitale sanctæ Christinæ quod est in portibus Asperi. Hæc sunt hospitalia in locis necessariis posita. Loca sancta, domus Dei, refectio sanctorum, peregrinorum requies, egentium consolatio, infirmorum salus, mortuorum subsidium [pariter ac] vivorum ! Hæc igitur loca sacrosancta quicumque ædificaverit, proculdubio regnum Dei possidebit.

(1) Puerto Marin sur le fleuve Miño.
(2) Leboreiro, Boente, Castañola.

CAP. V. — *De nominibus quorumdam qui beati Jacobi viam refecerunt.* AYMERICUS.

Hæc sunt nomina quorumdam viatorum, qui temporibus Didaci archiepiscopi Jacobitæ, et Adefonsi imperatoris Hispaniæ et Gallæciæ, et Calixti papæ, viam sancti Jacobi a Raphanello usque ad pontem Mineæ, pio amore Dei et Apostoli, citra annum Dominicum MCXX, regnante Adefonso rege Aragoni et Ludovico pinguissimo rege Galliarum, refecerunt : Andreas, Rotgerius, Alvitus, Fortus, Arnaldus, Stephanus, Petrus qui pontem Mineæ, a regina Urraca confractum, refecit. Istorum adiutorumque suorum animæ requiescant in pace.

CAP. VI. — *De fluminibus bonis et malis qui in itinere sancti Jacobi habentur.* CALIXTUS PAPA.

Hæc sunt flumina, quæ a portibus Ciseræ et Asperi usque ad sanctum Jacobum habentur.

De portibus Asperi procedit sanum flumen, nomine Aragonus, quod Hispaniam irrigat. De portibus vero Cisereis flumen sanum egreditur, quod a multis Runa dicitur et decurrit Pampiloniam ; ad Pontem Reginæ decurrunt Arga simul et Runa. Ad Locum qui dicitur Lorca (1), in orientali parte decurrit flumen, quod dicitur Rivus Salatus : ibi os equum tuum observa, quia flumen lethi-

(1) Lorca, auprès de Lácar.

ferum est. Super cuius ripam nos, ad sanctum Jacobum pergentes, invenimus duos Navarros sedentes, artavos suos acuentes, solitos excoriare peregrinorum jumenta, quæ lympham illam bibebant et moriebantur. Qui nobis interrogantibus mentientes dixerunt « quia sana erat ad potandum » ; quapropter equis nostris illam dedimus ad bibendum, et statim duo ex his obierunt, quos illico ipsi excoriaverunt. Ad Stellam decurrit flumen Aiega (1) : ipsa est lympha dulcis, sana et optima. Per villam quæ dicitur Arcus, decurrit aqua lethifera ; et ultra Arcum ad primum hospitale, intra Arcum scilicet et hospitale idem, decurrit aqua lethifera jumentis et hominibus bibentibus eam. Ad villam, quæ dicitur Turres (2), intra scilicet Navarrorum decurrit flumen lethiferum jumentis et hominibus bibentibus illud. Inde ad villam quæ dicitur Covas (3), flumen defluit mortiferum ; ad Grugnum decurrit aqua ingens, nomine Ebra, quæ est sana et piscibus abundat. Omnes fluvii, qui a Stella usque ad Grugnum habentur, lethiferi ad bibendum hominibus et jumentis, et pisces eorum ad comedendum approbantur. Si piscem, qui vulgo dicitur barbus, sive illum quem Pictavi vocant *alosam*, et Itali *clypiam* sive anguillam, sive *tencam* in Hispania et Gallæcia, nusquam comederis, sine dubio aut proxime morieris, aut ægrotaveris ; et si aliquis forte comedit et non ægrotavit, idcirco quia aut aliis sanior fuit aut in illa patria diu permansit. Omnes igitur pisces et carnes vaccinæ et suillæ totius Hispaniæ et Gallæciæ barbaris ægritudines præstant.

(1) Ega.
(2) Torres.
(3) Le Linarès, puis Nuestra Señora de Cuevas, près Viana.

Illa vero flumina, quæ dulcia et sana habentur ad bibendum, his nominibus vulgariter nuncupantur : Pisorga (1), aqua scilicet quæ decurrit ad pontem Fiteriæ ; Carriona, quæ decurrit ad Carrionum ; Ceia (2), quæ ad sanctum Facundum ; Aisela (3), ad Maxillam ; Porma ad quemdam ingentem pontem, qui est inter Maxillam et Legionem ; Turio (4), quæ decurrit ad Legionem sub Castrum judæorum ; Bernesgua (5), quæ juxta eamdem urbem ex alia parte, adversus scilicet Austurgam defluit ; Sil, quæ ad Pontem ferratum in Valleviridi ; Cua quæ ad Carcavellum ; Burdua (6) quæ decurrit ad pontem Villæfrancæ ; Carcera, quæ decurrit in Valle-Carceris ; Minea, quæ defluit ad pontem Mineæ ; fluvius quidam, qui distat ab urbe sancti Jacobi duobus milliariis in nemoroso loco : qui Lavamentula dicitur, idcirco quia in eo gens Gallica peregrina, ad sanctum Jacobum tendens, non solum mentulas suas verum etiam totius corporis sui sordes, Apostoli amore, lavare solet, vestimentis suis expoliata. Sar fluvius, qui inter montem Gaudii et urbem sancti Jacobi decurrit, sanus habetur ; Sarela fluvius similiter, qui ex alia parte urbis versus occasum defluit sanus habetur.

Idcirco hæc flumina sic descripsi, ut peregrini, ad

(1) Pisuerga.
(2) Cea.
(3) Ezla.
(4) Torio.
(5) C'est à ce *castro* qu'appartient l'inscription tumulaire (an. 1100) publiée dans la *Revue des études juives*, t. II, p. 135. Le petit bourg placé auprès du pont, sur la rive gauche du fleuve, retient encore le nom de *Castro de los judios*. — Bernesga.
(6) Burba.

sanctum Jacobum proficiscentes, evitare studeant ad bibendum quæ sunt lethifera, et eligere valeant quæ sunt sana sibi ad bibendum.

CAP. VII. — *De nominibus terrarum et qualitatibus gentium, quæ in itinere sancti Jacobi habentur.*

In beati Jacobi viatico, via scilicet Tolosana, primitus, transito flumine Garona, invenitur tellus Gasconica ; et exinde, transitis portibus Asperi, terra Aragoni ; et inde Navarrorum tellus usque ad pontem Argæ et ultra (1).

Per tramitem vero portuum Ciseræ, post Turonicam, invenitur habilis, et optima, et omni felicitate plena tellus Pictavorum. Pictavi sunt heroes fortes et viri bellatores, arcubus et sagittis et lanceis in bello doctissimi, in acie freti, in cursibus velocissimi, in veste venusti, in facie præclari, in verbis astuti, in premiis largissimi, in hospitibus prodigi. Inde, tellus Sanctonensium invenitur. Indé, transito quodam maris brachio et flumine Garona, Burdegalensium tellus ; quæ vino optimo et piscibus fertilis, sed lingua rustica habetur. Sanctonenses lingua rustica habentur, sed Burdigalenses rusticiores approbantur. Inde Burdegalenses landæ itinere dierum trium, fessis scilicet, invenitur : ipsa est tellus omni bono desolata, pane vino carne piscibus aquis et fontibus vacua, villis rara, plana, sabulosa, melle tamen et milio et panicio et grugnis (1)

---

(1) La Navarre, après Tiermas jusqu'au delà de Puente-la-Reyna, sur l'Arga, entre Viana et Logroño.
(2) Porcs à bois.

larga. Tu autem, si in æstate forte per eam transieris, faciem tuam studiose custodi a muscis immanissimis, quæ *guespe,* vel *tavones,* vulgo dicuntur, quæ maxime ibi abundant; et nisi diligenter pedem observaveris, in arena marina, quæ ibi abundant, usque ad genua velociter lapsus fueris.

Transito vero hoc solo, invenitur terra Gasconica, candido pane et optimo vino rubicundo larga, nemoribus et pratis fluminibusque, fontibus sanis apta. Gasconi sunt levilogi, verbosi, derisores, libidinosi, ebriosi, cibis prodigi, male induti, pannis et gazis devastati; bellis tamen assueti, sed hospitalitate pauperum præcipui. Circa ignem sedentes, sine mensa comedere et cum uno scypho omnes libere utuntur. Largiter comedunt bibunt, et male vestiuntur; et turpe! suppositis paucis paleis, in putredine scilicet, familia cum domino et domina, omnes una recumbunt. In huius terræ exitu, via scilicet sancti Jacobi, habentur duo fluvii, qui prope villam sancti Joannis Sorduæ (1), alter scilicet ad dexteram et alter ad lævam, fluunt; quorum unus dicitur *Gaver,* et alter flumen qui sine rate nullo modo transmeari possit; quorum nautæ penitus damnantur. Cum enim flumina illa admodum stricta sint, tamen de unoquoque homine, tam de paupere quam de divite, quem ultra navigant, unum nummum more accipiunt; et de jumento quatuor, vi etiam indigne capiunt. Est etiam navis illorum modica, unius arboris facta, equos minime recipiens; quam cum intraveris, teipsum caute custodi ne forte in aquam cadas; oportebit enim equum tuum per frenum trahere post te extra navim per pelagum. Quapropter, cum paucis ingre-

(1) Sordes.

dere navim ; quia, si nimis onerata fuerit, cito periclitabitur. Multotiens etiam tantam peregrinorum turmam nautæ, accepto pretio, admittunt, quod navis subvertitur et peregrini in pelago necantur ; unde nautæ nequiter gaudent captis mortuorum spoliis.

Inde circa portus Cisereos habetur tellus Basclorum, habens urbem Baionam in maritima versus septentrionem. Hæc terra lingua barbara habetur ; nemorosa, montuosa, pane et vino omnibusque corporalibus alimentis desolata ; excepto quod malo et cicera et lacte est consolata. In hac terra mali portigeri habentur, scilicet circa portus Cisereos [in] villa quæ dicitur Hostavalla, et villa sancti Joannis et sancti Michaelis pedis portuum Ciseræ. Qui penitus damnantur : exeunt obviam peregrinis cum duobus aut tribus jaculis, tributa injusta vi capientes : et siquis transeuntium, secundum eorum petitionem, nummos illis dare noluerit, et jaculis illum percutiunt et censum ab eo auferunt exprobrantes illum et usque ad femoralias exquirentes. Ipsi sunt feroces ; et terra, in quam commorantur, ferox et silvestris et barbara habetur. Ferocitas vultuum, similitudinesque linguæ barbaræ eorum, corda videntium illos expavescit. Cum non debeant rite accipere tributum, nisi a mercatoribus tantum ; a peregrinis et ab omnibus transeuntibus iniuste accipiunt. Quando debent more accipere de qualibet re quatuor nummos vel sex ; octo vel duodecim, duplum scilicet, capiunt. Quapropter præcipimus et exoramus ut hi portageri et rex Aragonensis cæterique divites, qui tributi pecunias ab eis accipiunt, omnesque illorum consentientes, scilicet Raymundus de Solis et Vivianus de Acromonte et Vicecomes de sancto Michaele cum cunctis progeniis suis venturis, una cum præfatis nautis et Arnaldo de Guinia cum omni progenie sua ventura atque cum cæteris dominis aquarum prædictarum, qui ex eisdem nautis nummos navigii iniuste accipiunt, cum sacerdotibus etiam, qui pœnitentiam vel eucharistiam scienter illis tribuunt, vel officium divinum eis faciunt, vel in ecclesia eos consentiunt, donec per longævam ac patefactam pœnitentiam resipiscant et modum in tributis suis ponant, non solum in Sedibus episcopalibus terræ illorum, verum etiam in beati Jacobi basilica, peregrinis audientibus, sedule excommunicentur ; et quicumque prælatorum ex hoc vel amore, vel lucro, eis parcere voluerint, anathematis gladio percutiatur. Sciendum quia ipsi portigeri a peregrinis tributum accipere nullo modo debent : et nautæ præfati de duobus hominibus, scilicet de divitibus pro navigio nisi unum obolum, et de equo solum nummum accipere rite debent, de paupere vero nihil ; et magnas etiam naves, in quibus jumenta et homines largiter queant intrare, habere debent. In terra etiam Basclorum, via sancti Jacobi est excellentissimus mons, quod dicitur *Portus Ciseræ* (1), aut quia porta Hispaniæ ibi habetur, aut quia per illum montem res necessariæ de alia terra ad aliam transportantur, cuius ascensus octo milliariis, et descensus similiter octo, habetur. Sublimitas namque eius tanta est, qued visa est usque ad cœlum tangere, cuius adscensori visum est propria manu cœlum posse palpitari : de cuius fastigio potest videri mare Britannicum et occidentale, et ora etiam trium regionum, scilicet Castellæ et Aragoni et

(1) *Portus Ciseræ* « le port de Cize », vraisemblablement Ibañeta ou Altabiscar.

Galliæ. In summitate vero eiusdem montis est locus, quod dicitur *Crux Caroli,* quia super illum securibus et dolabris et fossoriis cæterisque manubriis Carolus cum suis exercitibus in Hispaniam pergens olim tramitem fecit, signumque Dominicæ crucis prius in eo elevavit, et tandem flexis genibus versus Gallæciam Deo et sancto Jacobo precem fudit; quapropter, peregrini, genua sua ibi curvantes versus sancti Jacobi patriam, ex more orant, et singuli singula vexilla dominicæ Crucis infigunt. Mille etiam cruces ibi possunt inveniri, unde primus locus orationis sancti Jacobi ibi habetur. In eodem monte, antequam christianitas in oris Hispanicis ad plenum augmentaretur, Navarri impii et Bascli peregrinos ad sanctum Jacobum pergentes non solum deprædari, verum etiam ut asinos equitare et perimere solebant. Juxta vero montem illum, versus scilicet septentrionem, est vallis quæ dicitur Vallis Caroli (1), in qua hospitatus fuit idem Carolus cum suis exercitibus, quando pugnatores in Runcia valle occisi fuere; per quam etiam peregrini multi ad sanctum Jacobum tendentes transeunt, nolentes montem ascendere. Postea vero in descensione eiusdem montis invenitur hospitale et ecclesia, in qua est petronus, quem Rotolandus heros potentissimus, spatha sua, a summo usque deorsum per medium trino ictu scidit. Deinde invenitur Runciavallis (2), locus scilicet quo bellum magnum olim fuit factum, in quo rex Marsirus, et Rotolandus, et Oliverus, et alii pugnatores CXL millibus christianorum simul et sarracenorum occisi fuere.

(1) Valcarlos.
(2) Roncevaux. — Cf. un article du prince Bonaparte dans l'*Academy* du 17 juillet 1880.

Post hanc vallem invenitur tellus Navarrorum, quæ felix pane et vino, lacte et pecoribus habetur. Navarri et Bascli unius similitudinis et qualitatis, in cibis scilicet et vestibus et lingua habentur ; sed Bascli facie candidiores Navarris approbantur. Navarri pannis nigris et curtis usque ad genua tantummodo, Scothorum more, induuntur et sotularibus, quos *lavarcas* vocant, de piloso corio scilicet non confecto factas, corrigiis, circa pedem alligatas, plantis pedum solummodo involutis, basibus nudis, utuntur. Palliolis vero laneis, scilicet atris, longis usque ad cubitos, in effigie pennulæ fimbriatis, quos vocant *saias* utuntur. Hi vero turpiter vestiuntur et turpiter comedunt et bibunt : omnis namque familia domus Navarri, tam servus quam dominus, tam ancilla quam domina, omnia pulmentaria simul mixta in uno catino, non cum cochleariis, sed manibus propriis, solet comedere, et cum uno scypho bibere. Si illos comedere videres, canibus edentibus vel porcis eos computares ; sique illos loqui audires, canum latrantium memorares : barbara enim lingua penitus habentur. Deum vocant *urcia* ; dei genitricem *andrea Maria* ; panem *orgui* ; vinum *ardum* ; carnem *aragui* ; piscem *araign* ; domum *echea* ; dominum domus *iaona* ; dominam *andrea* ; ecclesiam *elicera* ; presbyterum *belaterra*, quod interpretatur pulchra terra ; triticum *gari* ; aquam *uric* ; regem *ereguia* ; sanctum Jacobum *iaona domne iacue* (1). Hæc est gens barbara, omnibus gentibus dissimilis ritibus et essentia, malitia plena, colore atra, visu iniqua, prava, perversa, perfida, fide

(1) Voyez, sur tous ces mots, la *Revue*, t. XIV, p. 120 et 269. — *Urcia* serait peut-être le faiseur du tonnerre (*Ortz-in*) ». — *Belaterra* « prêtre » vient peut-être de *oblator* ou de *bellator* (bailliz).

... si ... canibus propriis solent comedere, et cum ... ...
viderit. Si illos comedere videret: canibus edentibus ut ... ...
comparares. Sicut illos loqui audires: canum latrantium ...
nares. Barbaram enim linguam penitus habent. Deum vocant ...
dei genitricem andrea maria, panem ..., vinum ...
carnem ..., piscem ..., domum ..., dominum ...
sia, dominum andrea, ecclesiam ..., presbyterum ..., quod
interpretatur ..., michael ..., aquam uric, regem ...,
sanctum Iacobum ... domine ... Hec est gens barbara, ceteris
gentibus dissimilis ritibus, et essentia, omni malicia plena, colore
atra, visu iniqua, prava, perfida, fide vacua, corrupta, libidinosa, ebriosa, omni violentia docta, ferox, silvestris, improba et reproba, ... austera, ... et contentiosa, ...
bonis inculta, cunctis ... ...
et ... constitulis malicia, ...
mimica. Pro uno nummo tantum prius nauatrus aut bascus
... potest gallicum. In quibusdam horis cum inviceris sicut
... dum nauarri se calefaciunt, vir mulieri et ... ...
... sua ostendunt. Nauarri etiam utuntur ... ...
... pecudibus. Seram enim nauatrus ad mule sue ...
posteriora suspendere ..., ne alius accedat sed ipse. Vulve etiam
mulieris et mule basia prebet libidinosa. ... ...
... pene sunt ... nauarri. In tempore ...
... habentur, ad ... castrum ...
... ... probianoribus, ...
Per unum quemque enim diem, dum ...
aut panis, aut vini, ... medici, ...
lacionem deo facit. Ybi autem ...
... ... collo suspendit, et ... ...
... vocat et more manibus ... Cumque dominum ...
expeditur, ore sibilat ut mutuus, et dum in ... ...
... in ... ..., ... causa latens, ...
... ... ad more bubonis cantat, et ... ...
... Cum totis alios eo genere ... ...

vacua et corrupta, libidinosa, ebriosa, omni violentia
docta, ferox et sylvestris, improba et reproba, impia et
austera, dira et conlentiosa, ullis bonis inculta, cunctis
vitiis et iniquitatibus edocta, Getis et Sarracenis consi-
milis, malitia nostræ genti Gallicæ in omnibus inimica;
pro uno nummo tantum, perimit Navarrus aut Basclus, si
potest, Gallicum. In quibusdam oris eorumdem, in Bis-
cagia scilicet et Alava, dum Navarri se calefaciunt (1), vir
mulieri et mulier viro verenda sua ostendunt. Navarri
etiam utuntur fornicatione incesta pecudibus; seram
enim Navarrus ad mulæ suæ et equæ posteriora suspendere dicitur ne alius accedat, sed ipse; vulvæ etiam
mulieris et mulæ basia præbet libidinosa; quapropter ab
omnibus peritis sunt corripiendi Navarri. In campo tamen
belli probi habentur; ad assiliendum campum improbi;
in decimis dandis legitimi, in oblationibus altarium assueti approbantur : per unumquem enim diem, dum ad
ecclesiam Navarrus vadit, aut panis, aut vini, aut tritici,
aut alicuius substantiæ oblationem Deo facit. Ubicumque
Navarrus aut Basclus pergit, cornu ut venator collo suspendit; et duo jacula aut tria, quæ *auconas* vocat, ex
more manibus tollit. Cumque domum ingreditur et regreditur, ore sibilat ut milvus; et dum in secretis locis vel
in solitudinibus, rapacitatis causa, latens socios silentio
convocare desiderat, vel more bubonis cantat, vel instar
lupi ululat. Tradi solet illos ex genere Scothorum descen-
disse, pro eo quod similes illis sunt moribus et similitu-
dine. Julius Cæsar, ut fertur, tres gentes, Nubianos scili-

(1) Pour notre auteur, la Biscaye et l'Alava font donc partie de
la Navarre. Les *Bascli* sont au contraire du côté nord des Pyrénées;
ce sont les Labourdins et les Bas-Navarrais actuels.

cet, Scothos (1) et Cornubianos caudatos, ad expugnandum Hispanorum populos, eo quod tributum ei reddere nolebant, ad Hispaniam misit, præcipiens eis ut omnem sexum masculinum gladio interficerent femineumque tantum ad vitam reservarent. Qui, cum per mare terram illam ingressi essent, contractis navibus suis ab urbe Barchinona usque ad Cæsaraugustam et ab urbe Baiona usque ad montem Oquæ igne et gladio devastaverunt. Hos fines transire nequiverunt, quoniam Castellani coadunati, illos expugnantes, a finibus suis eiecerunt; illi autem fugientes venerunt ad montes marinos, qui sunt inter Najeram et Pampiloniam, scilicet versus maritimam in terra Biscagiæ et Alavæ; ubi habitantes multa castra ædificarunt; et interfecerunt omnes masculos, quorum uxores vi sibi rapuerunt; e quibus natos genuerunt, qui postea a sequentibus Navarri vocantur; unde Navarrus interpretatur *ne verus;* idem non vera progenie aut legitima prosapia generatur. Navarri etiam a quadam urbe, quæ Naddaver dicitur, prius nomen sumpserunt; quæ est in illis oris e quibus primitus advenerunt, quam scilicet urbem in primis temporibus beatus Matthæus apostolus et evangelista sua prædicatione ad Dominum convertit.

Post terram illorum, transito nemore Oquæ, versus scilicet Burgas, sequitur tellus Hispanorum, Castella videlicet et Campos. Hæc est terra plena gazis, auro et argento, paleis et equis fortissimis felix, pane et vino, carne piscibus lacte et melle fertilis; lignis tamen est desolata, hominibus malis et vitiosis plena.

(1) Cf. l'ancienne leçon, déjà fautive, *Scadum Numiorum*, de l'itinéraire d'Antonin; la table de Peutinger permet de rétablir le véritable nom de *Isca Domnoniorum* (Exeter).

Inde terra Gallæcianorum, transitis oris Legionis et portibus montis Iraci et montis Februarii invenitur. Hæc est nemorosa, fluminibusque pratis et malariis optimis fructibusque bonis et fontibus clarissimis apta, urbibus et villis et segetibus rara, pane triticeo et vino stricta, pane siliginensi et sicera larga, pecoribus et jumentis, lacte et melle piscibusque marinis immanissimis et paucis habilis ; auroque et argento et paleis pellibusque sylvestribus cæterisque opibus felix, imo gazis Sarracenicis copiosa. Galleciani vero genti nostræ Gallicæ magis, præ ceteris gentibus Hispanicis incultis moribus, congrue concordantur, sed iracundi et litigiosi valde habentur.

Cap. VIII. — *De corporibus sanctorum, quæ in itinere sancti Jacobi requiescunt, quæ peregrinis ejus sunt visitanda.*

Primitus namque his, qui per viam Ægidianam ad sanctum Jacobum tendunt, beati Trophimi confessoris corpus apud Arelatem visitandum est; cujus meminit beatus Paulus scribens ad Timotheum, qui ab eodem Apostolo antistes ordinatus præfatæ urbi primus ob Christi evangelium prædicandum directus est. Ex cuius fonte lucidissimo, ut Papa Zosimus scribit, tota Gallia, fidei rivulos accepit. Cuius solemnitas quarto kalendas januarii celebratur.

Item visitandum est corpus beati Cæsarii episcopi et martyris, qui in eadem urbe regulam Monacharum instituit; cujus festivitas colitur kalendis novembris.

Item in cimiterio præfatæ urbis beati Honorati episcopi præsidia sunt postulanda: cuius solemnitas colitur decimo VII° kalendas februarii. In cujus basilica veneranda et optima beati Genesii pretiosissimi martyris corpus requiescit. Est igitur vicus iuxta Arelatem inter duo Rhodani brachia, qui dicitur Trenquatalla, in quo est columna quaedam marmorea optima valde, excelsa, super terram erecta, scilicet retro eius ecclesiam, ad quam perfidi populi beatum Genesium, ut fertur, alligantes decollarunt; quae etiam usque hodie roseo eius cruore apparet purpurea. Ipse vero mox ut decollatus fuit, caput proprium manibus accipiens in Rhodanum ejecit, et corpus per medium fluvii usque ad beati Honorati basilicam, in qua honorifice jacet, deportavit; caput vero ipsius per Rhodanum et mare currens, Carthaginem, urbem Hispanorum (1) ductu Angelico pervenit, in qua optime nunc requiescit et multa miracula facit: cuius solemnitas colitur octavo kalendas septembris.

Inde visitandum est, iuxta Arelatem urbem, cimiterium defunctorum loco, qui dicitur Ailiscampis, precibus, scilicet, psalmis et eleemosynis, ut mos est pro defunctis exorare; cuius longitudo et latitudo, uno milliario constat. Tot ac tanta vasa marmorea, super terram sita, in nullo cimiterio nusquam possint inveniri excepto in illo. Sunt etiam diversis operibus et litteris latinis insculpta et dictatu inintelligibili, antiqua: quanto magis longe perspexeris, tanto magis longe sarcophagos videbis. In eodem cimiterio septem ecclesiæ habentur; in qualibet quarum siquis presbyter eucharistiam pro defunctis fecerit,

(1) Cartagena.

vel laicus alicui sacerdoti celebrare devote fecerit, vel psalterium clericus legerit, veraciter pios illos defunctos qui ibi jacent, suæ salvationis adiutores in novissima resurrectione coram Deo habebit. Multa enim sanctorum martyrum et confessorum corpora ibi requiescunt, quorum animæ in paradisiaca sede congaudent. Eorum namque commemoratio post Octavas Paschæ, secunda feria more celebratur.

Item beati Ægidii, piissimi confessoris atque abbatis corpus dignissimum summopere vigilanti oculo visitandum est. Beatissimus namque Ægidius per cuncta cosmi climata famosissimus, omnibus venerandus, cunctis digne celebrandus, omnibus diligendus, cunctisque invocandus, omnibusque est petendus. Post Prophetas et Apostolos nemo illo inter cæteros sanctos dignior, nemo sanctior, nemo gloriosior, nemo auxilio velocior : ipse enim præ cæteris sanctis velocius usus est adiuvare egentes et afflictos et angustiatos sibi clamantes. O quam pulchrum et operæ pretiosum eius visitare sepulchrum! Die vero, qua illum quis toto corde deprecatus fuerit, proculdubio adiutus feliciter erit. In memetipso probavi quae aio : vidi olim quemdam in eiusdem villa, qui die qua illum invocavit, a domo cuiusdam Peiroti sutoris, subsidiis beati confessoris, evasit; quæ scilicet domus vetustissima penitus confracta cecidit. Quis igitur amplius eius videbit limina! Quis Deum adorabit in eius sacratissima basilica! Quis amplius eius amplexabitur sarcophagum! Quis osculabitur eius altare venerandum! Aut quis eius vitam piissimam enarrabit! Eius namque tunicam æger induit, et sanatur; ipsius virtute indeficiente quidam a serpente percussus sanatur; alius arreptus a dæmonio liberatur; tempestas marina cessat;

Theocritæ filia optatæ diu sospitati restituitur; ægrotus, totius corporis valetudine carens, incolumitati diu desideratæ redditur; cerva quae prius erat indomita, ejus imperiis domestica effecta famulatur; Ordo monasticus, illo Abbate patrocinante, augmentatur; energumenus a dæmonio liberatur; peccatum Caroli, ab Angelo sibi revelatum, Regi dimittitur; defunctus ad vitam redditur; contractus pristinæ saluti redditur; immo duo cypressina ostia, Praelatorum imaginibus Apostolorum insculpta, a Romana urbe usque ad Rhodani portum per marinas undas sine aliquo regimine soli potenti imperio suo perveniunt. Taedet memori, quia narrare nequeo ejus omnia acta veneranda, idcirco quia tot sunt, et tanta. Græca stella clarissima, postquam his radiis Provincialibus eluxit, inter illos optime accubuit, non deficiens, sed augmentans; non sua amittens lumina, sed præbens omnibus duplicia; non descendens ad infima, sed ascendens ad Olympi cacumina; non moriendo ejus lux atra efficitur, sed suis insignibus sidereis clarior præ cæteris sideribus sanctis per quatuor cosmi climata habetur. Media igitur nocte, Dominica, kalendis septembris, hoc sidus accubuit, quod chorus Angelicus in politica (1) sede secum collocavit; et plebs Gothorum cum ordine Monachili in libero prædio suo, inter Nemausensem scilicet urbem et fluvium Rhodanum, honorifica sepultura sibi hospitavit. Ingens arca aurea, quæ est retro eius altare super ipsius corpus venerandum, in sinistrali scilicet parte primo gradu sex Apostolorum imaginibus est insculpta, in quo gradu primitus beatæ Mariæ imago congrue sculpitur. In secundo vero gradu sursum duodecim signa

(1) Du ciel (*poli*).

solaria hoc ordine habentur: Aries, Taurus, Gemini, Cancer, Leo, Virgo, Libra, Scorpio, Sagittarius, Capricornus, Aquarius et Pisces; et per medium illorum sunt aurei flores in vitis effigie. In superiore namque gradu tertio duodecim imagines viginti quatuor Seniorum habentur, his versibus super eorum capita scriptis :

> *Ecce chorus splendens seniorum bis duodenus,*
> *Dulcia qui citharis decantant cantica claris.*

In dextrali vero parte, primo gradu, similiter sunt aliæ septem imagines, quarum sex Apostolorum sunt, et septima cuiuslibet Christi discipuli est; sed et super Apostolorum capita virtutes, quæ fuerunt in eis in utroque arcæ latere in effigie mulieris sculpuntur: Benignitas scilicet, Mansuetudo, Fides, Spes, Charitas, etc. In secundo gradu dextrali flores instar vitis vineæ sculpuntur. In tertio gradu superiori, sicut in sinistra parte, imagines duodecim viginti quatuor Seniorum, his versiculis super eorum capita scriptis, sculptæ habentur :

> *Hoc vas egregium gemmis, auroque politum,*
> *Relliquias sancti continet Ægidii.*
> *Quod qui franget, eum Dominus maledicat in ævum,*
> *Ægidius pariter, cunctus et Ordo sacer.*

Tecta arcæ desuper ex utraque parte in modum squammarum piscium operantur; in cacumine vero eius sunt profecto tredecim lapides crystallini infixi, alii in modum scaquorum, alii in modum malorum vel millegranorum; una crystallus est ingens in modum magni piscis, trosteæ scilicet, erectus, cauda versa desursum : prima quippe crystallus instar magnæ ollæ ingens habetur, super quam crux aurea, valde splendens, ponitur pretiosa. In medio frontis arcæ, in antea scilicet, in circulo aureo residet Dominus manu dextera benedictionem innuens et in dextera librum tenens in quo scriptum est: *pacem et veritatem diligite*. Sub scabellum vero pedum ejus stella aurea habetur, et circa ulnas eius duæ litteræ scribuntur; altera scilicet ad dexteram et altera ad laevam, hoc modo: A ω. Et desuper thronum eius duo pretiosi lapides modo inæstimabili fulgent: quatuor vero Evangelistæ, alas habentes, juxta thronum eius exterius habentur, singulas schedulas pedibus tenentes, in quibus evangeliorum propriorum initia per ordinem scribuntur; Matthæus in modum hominis ad dexteram scilicet sursum, et Lucas instar bovis habetur deorsum, et Joannes in effigie aquilæ ad lævam desuper, et Marcus leonis subter insculpitur. Duo vero angeli, juxta thorum Dominicum, Cherubim videlicet ad dexteram, pedes tenens super Lucam, et Seraphim ad lævam, pedem similiter tenens super Marcum, miro opere sculpuntur. Duo ordines lapidum omnium generum pretiosorum, unus in throno quo Dominus residet per circuitum, et alius in oris arcæ similiter per circuitum, tres lapides in simul scilicet ob Trinitatis Dei figuram, ibi miro opere componuntur. Sed quidam inclytus suam imaginem auream, beatissimi confessoris amore, in pede arcæ versus altare aureis clavis infixit, quæ ad Dei honorem usque in hodiernam diem ibi apparet. In alio vero capite arcæ, retro scilicet, Dominica Ascensio sculpitur. In primo ordine sunt sex Apostoli, visibus sursum erectis, Dominum euntem in cœlum aspicientes, super quorum capita scriptæ hæ litteræ habentur: *O viri Galilœi! hic Jesus, qui assumptus est in cœlum a vobis, sic veniet, quemadmodum eum vidistis.* In secundo vero gradu alii sex Apostoli eodem modo stantes sculpuntur, sed et columnae aureae inter Apostolos ex utraque parte habentur. In tertio gradu Dominus stat erectus in throno quodam aureo; et duo Angeli stantes, unus ad dexteram, illius et alius ad laevam, extra thronum, manibus ostendunt Dominum Apostolis, singulis manibus sursum elevatis, singulisque deorsum inclinatis; et super Dominicum caput, extra thronum scilicet, columba habetur quasi volitans super eum. In quarto vero ordine superiore Dominus sculpitur in alio throno aureo; et juxta eum quatuor Evangelistae habentur: Lucas scilicet in specie bovis contra Meridianam partem deorsum, et Matthaeus instar hominis desursum. In alia parte contra Septentrionem est Marcus instar leonis deorsum, et Joannes in modum aquilae desursum. Sciendum vero est quod Dominica Maiestas, quae est in throno, non sedet; sed recta est dorsum tenens versus Meridiem, et erecto capite; aspicit quasi in coelum dextera manu levata sursum, et in laeva cruciculam tenet; et sic ascendit ad Patrem, qui in cacumine arcae illum recipit. Itaque beati Aegidii Confessoris sepultura consistit, in qua ejus corpus venerandum honorifice requiescit. Erubescant igitur Hungari qui dicunt se habere eius corpus, conturbentur ominno Cammelarii, qui somniant se habere eius integrum corpus. Tabescant Sanctisequanici, qui extollunt se habere eius caput; revereantur similiter Constantiani Normanni, qui jactant se habere totum ipsius corpus, cum nullo modo ejus Ossa sacratissima, ut a multis probatur queant extra oras ipsius deferri. Quidam enim beati Confessoris brachium venerandum extra Aegidianam Patriam in oris scilicet longinquis olim deferre fraudulenter conati sunt, sed nullo modo ire una cum eo valuerunt. Quatuor sunt Sanctorum corpora, quæ ab aliquo de propriis sarcophagis nullo modo moveri posse referuntur, ut a multis probatur; beati scilicet Jacobi Zebedæi, et beati Martini Turonensis, et sancti Leonardi Lemovicensis, et beati Ægidii Christi Confessoris. Traditur quod Philippus, Rex Galliarum, eadem corpora ad Galliam deferre olim tentavit; sed nullo modo de propriis sarcophagis suis ea movere potuit.

Igitur ab his qui per viam Tolosanam ad S. Jacobum tendunt, beati Confessoris Guillelmi corpus est visitandum. Santissimus namque Guillelmus signifer egregius comes Caroli Magni Regis extitit non minimus, miles fortissimus, bello doctissimus. Hic urbem Nemausensem, ut fertur, et Aurasicam, aliasque multas, christiano imperio sua virtute potenti subiugavit, lignumque Dominicum apud vallem Gelloni secum detulit, in qua scilicet valle eremiticam vitam duxit, et beato fine Christi confessor in ea honorifice requiescit. Cuius sacra solemnitas quinto kalendas Junii colitur.

Item in eadem via beatorum Martyrum corpora visitanda sunt, Tiberii Modesti et Florentiæ, qui tempore Diocletiani variis tormentis pro Christi fide cruciati, martyrium compleverunt. Jacent super fluvium Airandum in optimo sepulchro. Quorum solemnitas colitur quarto idus novembris.

Item in eadem via visitandum est corpus dignisimum beati Saturnini, episcopi et martyris, qui in Capitolio Tolosæ urbis a paganis tentus, tauris acerrimis et indomitis alligatus, atque a summa Capitolii arce usque ad caput unius milliarii per omnes gradus lapideos precipitatus, capite conliso excusoque cerebro et omni corpore dilaniato, dignam Christo animam reddidit. Hic juxta urbem Tolosam optimo loco sepelitur; ubi ingens Basilica sub eius honore a fidelibus fabricatur, et Canonicalis regula beati scilicet Augustini observatur; et multa beneficia poscentibus à Domino præstantur. Cuius solemnitas tertio kalendas decembris celebratur.

Item a Burgundionibus et Theutonicis, per viam Podiensem ad sanctum Jacobum pergentibus, corpus sanctissimum est visitandum beatæ Fidis, Virginis et Martyris. Cujus animam sanctissimam, corpore a carnificibus decollato super montem scilicet urbis Agenni, Angelorum chori instar columbæ in cœlestibus detulerunt, et immortalitatis laurea eam ornaverunt. Quod ut vidit beatus Caprasius, Antistes urbis Agenni, qui rabiem persecutionis evitans latebat in quadam spelunca, animatus ad tolerantiam passionis, ad locum, quo beata Virgo pateretur, properavit et martyrii palmam fortiter promeruit dimicando, moras etiam persequentium arguendo. Demum beatæ Fidis, Virginis et Martyris, corpus pretiosissimum in valle quae vulgo dicitur Conquas, honorifice à Christianis sepelitur, super quod basilica optima a christianis fabricatur, in qua ad Domini decus usque hodie beati Benedicti regula summopere custoditur. Incolumibus et infirmis beneficia multa largiuntur; ante cuius fores optimus fons, ultra quam dici fas est, mirabilis habetur. Cuius festivitas secundo nonas octobris colitur.

Deinde in via quæ ad sanctum Jacobum, per sanctum Leonardum, tendit, primitus beatæ Mariae Magdalenae, corpus dignissimum juste à peregrinantibus venerandum est. Hæc enim est illa Maria gloriosa, quæ, in domo Simonis, leprosi, Salvatoris pedes lacrymis rigavit capillisque suis tersit, et pretioso unguento suo diligenter osculando unxit; qua propter *dimissa sunt ei peccata multa quoniam dilexit multum* amatorem universorum, Jesum Christum scilicet remissorem suum. Hæc vero post Dominicam Ascensionem a Hierosolymitanis oris cum Beato Maximino, Christi discipulo, aliisque Dominicis discipulis usque ad Provinciæ Patriam per mare, scilicet per portum Marsiliæ, pervenit; in qua scilicet Patria cælibem vitam per aliquot annos duxit, ac tandem in urbe Aquensi ab eodem Maximino eiusdem urbis Antistite, sepulturam accepit. Post multum vero temporis eius glebam pretiosissimam ab ipsa urbe usque ad Viziliacum heros quidam Monachili vita beatus, nomine Badilo, translatavit, ubi honorifica sepultura usque ad diem hanc requiescit; in quo etiam loco ingens ac pulcherrima basilica monachorumque Abbatia constituitur. Peccatoribus delicta ipsius amore a Domino dimittuntur; cæcis visus redditur, mutorum lingua solvitur, claudi eriguntur, energumeni liberantur et ineffabilia beneficia multis impertiuntur. Cujus sacra solemnia coluntur undecimo kalendas augusti.

Item visitandum est corpus sacrum beati Leonardi, Confessoris, qui cum Francorum genere esset nobilissimus, et in regali curia nutritus, facinoroso sæculo summi Numinis amore abrenuntians, in Lemovicensibus oris, loco qui vulgo Nualliacus nuncupatur, cælibem vitam eremiticam crebris jejuniis, et vigiliis multis, frigoribusque, nuditatibus, ineffabilibusque laboribus, diu duxit; et tandem in eodem libero praedio suo, transitu sacro, requievit; cuius gleba sacra immobilis esse perhibetur. Erubescant igitur Corbiniacenses monachi, qui dicunt se beati Leonardi corpus habere; cum nullo modo vel paucius os ossium eius, vel pulvis, ut praediximus queat moveri. Corbiniacenses vero, aliique multi, ejus beneficiis et miraculis ditantur; sed ipsius corporali praesentia frustrantur. Qui, cum eius corpus habere non potuissent, corpus cuiusdam viri nomine Leotardi, quod ab oris Andegavensibus dicitur sibi afferri in arca argentea repositum, pro sancto Leonardo Lemovicensi colunt; cui etiam nomen proprium mutantes post obitum, quasi esset iterum baptizandus, sancti Leonardi nomen imposuerunt, ut opinione tanti ac famosi nominis, scilicet sancti Leonardi Lemovicensis peregrini illuc advenirent, et suis oblationibus illos ditarent; cuius festum idibus octobris colunt. Prius de sancto Leonardo Lemovicensi suae basilicae advocatum fecerunt; deinde alium in loco eius posuerunt, more servorum aemulorum, qui propriam haereditatem a domino suo vi auferunt, et alieno indigne tribuunt: similes etiam malo patri habentur qui filiam suam a legitimo sponso aufert, et alteri tribuit. *Mutaverunt*, inquit Psalmista, *gloriam suam in similitudinem vituli*. Talia facientes, quidam sapiens corripit, dicens: *Non des alienis honorem tuum*. Oratores namque barbari et domestici illuc advenientes, sancti Leonardi corpus, quod diligunt putant invenire; et alterum pro altero ignorantes reperiunt. Quicumque apud Corbiniacum miracula faciat, tamen beatus Leonardus Lemovicensis captos, quamvis à dominio ecclesiae illorum sit alienatus, deliberat et ibi adducit. Unde duplici culpa Corbiniacences religantur, quoniam illum qui suis miraculis illos venerantes ditat, minime recognoscunt, nec etiam eius festa celebrant, sed alterum pro illo inordinate colunt. Beati igitur Leonardi confessoris Lemovicensis famam jam per totum orbem longe lateque divina clementia expandidit; cuius virtus potentissima innumera captivorum millia a carceribus educit, quorum vincula ferrea, ultra quam dici fas est, barbara millia millibus conjuncta, in eius basilica circum circa, ad dexteram et lævam, intra et extra, ob tantorum miraculorum testimonium suspenduntur; ultra quam dici fas est, mirareris, si arbores in ea tot ac tantis ferreis barbaris oneratas videres. Ibi enim pendent manicæ ferræ boiæ, catenæ, compedes, cepti, pedices, vectes, juga, galeæ, falces et diversa instrumenta, e quibus Christi Confessor potentissimus captos sua potenti virtute liberavit; mirum est de illo quia in humana forma visibiliter vinctis in ergastulis trans mare etiam usus est apparere, ut ipsi testantur, quos liberavit Dei virtute. Pulchre per eum adimpletur quod divinus Vates olim vaticinavit dicens : *Sedentes in tenebris et umbra mortis, vinctos in mendicitate et ferro, spe liberavit eos; et clamaverunt ad eum, cum tribularentur, et de necessitatibus eorum, liberavit eos; suscepit eos de via iniquitatis eorum, quia contrivit portas æreas, et vectes ferreos confregit.* Ligatos in compedibus et nobiles multos in manicis ferreis hic liberavit. Traduntur etiam Christiani vincti sæpe in manum gentilium ut Boamundus; et dominati sunt eorum, qui oderunt eos et tribulaverunt eos, inimici eorum; et humiliati sunt sub manibus eorum; sed hic sæpe liberavit eos, et eduxit illos de tenebris et umbra mortis, et vincula eorum disrupit. Hic dicit his qui vincti sunt, *exite;* et his qui in tenebris sunt *revelamini.* Cuius sacra solemnia coluntur octavo idus novembris.

Igitur post beatum Leonardum apud urbem Petragoricas visitandum est corpus beati Frontonis, Episcopi et

Confessoris; qui Romæ a beato Petro Apostolo, vice Pontificali ordinatus, cum quodam presbytero, nomine Georgio, ad prædicandum urbem eamdem mittitur; qui cum simul perrexissent, mortuo Georgio in itinere, et sepulto, reversus ad Apostolum beatus Fronto necem sui socii nunciavit : cui beatus Petrus baculum tradidit, dicens : *Cum hunc baculum meum posueris super socii tui corpus, ita dices : Per illam obedientiam, quam ab Apostolo accepisti, in Christi nomine surge et comple illam,* sicque agitur. Per Apostoli baculum beatus Fronto in itinere socium de morte recepit, et præfatam urbem sua prædicatione ad Christum convertit; miraculisque multis perlustravit et digno obitu in ea, in basilica scilicet, quæ sub eius nomine operatur, sepulturam accepit; in qua, Deo largiente, multa beneficia poscentibus præstantur. Traditur tamen a quibusdam, ex collegio Christi Discipulorum illum fuisse. Cuius sepulchrum, cum nullis aliis Sanctorum sepulchris consimile sit, rotundum tamen, ut Dominicum sepulchrum, studiosissime fit; et cuncta cæterorum Sanctorum sepulchra pulchritudine miri operis excellit. Cujus sacra solemnitas colitur octavo kalendas novembris.

Rursum his qui per viam Turonensem ad sanctum Jacobum tendunt, in urbe Aurelianensium Lignum Dominicum, et calix beati Evurcii, Episcopi et Confessoris, in ecclesia Sanctæ Crucis visitandum est. Dum enim beatus Evurcius quadam die Missam celebraret, apparuit super altare in altum Dominica dextera humanitus videntibus illis qui aderant; et quicquid præsul super altare, operabatur et ipsa. Dum præsul faciebat super panem et calicem crucis signum, faciebat et ipsa similiter; cumque panem vel calicem ipse sursum levabat, et ipsa Dei manus verum panem et calicem similiter levabat. Peracto itaque sacrificio disparuit salvatrix illa manus piissima. Unde datur intelligi; quisquis enim Missam canit, ipse Christus eam cantat. Hinc beatus Fulgentius Doctor ait: *Non homo est, qui proposita Corpus Christi et Sanguinem facit, sed ille qui crucifixus pro nobis est Christus.* Et beatus Isidorus, sic ait: *Nec propter bonitatem boni sacerdotis fit melior, nec propter malitiam mali fit peior.* Præfatus calix ex more semper poscentibus, tam domesticis quam barbaris, fidelibus in ecclesia Sanctæ Crucis ad communicandum præparatur. Item in eadem urbe beati Evurcii Episcopi et Confessoris corpus visitandum est. Item in eadem urbe in ecclesia Sancti Sampsonis cultrum, qui ad cœnam Dominicam veraciter extitit, visitandum est.

Item in eadem via super Ligerum beati Martini Episcopi et Confessoris corpus dignum visitandum est. Hic vero trium mortuorum suscitator magnificus esse perhibetur; et leprosos, energumenosque devios, lunaticos et dæmoniacos, cæterosque languidos optatæ saluti reddidisse fertur. Sarcophagum namque, quo sacratissima ejus gleba juxta urbem Turonicam requiescit, argento et auro immenso, lapidibusque pretiosis fulget et crebris miraculis elucet. Super quem ingens basilica veneranda sub eius honore, ad similitudem scilicet ecclesiæ beati Jacobi miro opere fabricatur, ad quam veniunt ægri, et sanantur; dæmoniaci liberantur; cœci illuminantur, claudi eriguntur; et omne morborum genus curatur; omnibusque, poscentibus digne, levamen funditus præstatur; quapropter eius fama gloriosa dignis præconiis ubique ad Christi decus divulgatur. Cuius festivitas celebratur tertio idus novembris.

Inde beati Hilarii Episcopi et Confessoris corpus sanctissimum in Pictava urbe visitandum est. Hic, inter cætera miracula, Dei virtute plenus Arrianam hæresim devincens unitatem fidei docuit colere: cuius sacra documenta ille Arrius hæreticus ferre non valens, egressus à Concilio, super latrinam ventre corruptus, per semetipsum turpiter obiit. Huic insuper, in Concilio sederecupienti, terra subter eum elevans sedem præstitit; hic seras valvarum Concilii sola voce fregit; hic ob Catholicam fidem quadriennio exilio apud Phrygiam in insula quadam relegatus fuit; hic serpentium abundantiam suo imperio fugavit; hic matri flenti in Pictava urbe reddidit natum gemina morte ante gravatum. Ipsius vero sepultura, qua eius sacratissima Ossa veneranda requiescunt, nimio auro et argento lapidibusque pretiosissimis decoratur, Ejusque basilica, ingens et optima, crebris miraculis veneratur. Cujus sacra solemnia coluntur idibus januarii.

Item visitandum est beati Joannis Baptistæ venerandum caput, quod per manus quorumdam religiosorum virorum ab Hierosolymitanis oris usque ad locum, qui nuncupatur *Angelicus*, in terra scilicet Pictavorum, defertur. Ubi ingens basilica sub eius veneratione miro opere componitur, in qua idem caput sanctissimum a centeno monachorum choro die noctuque veneratur, innumerisque miraculis clarificatur; quod etiam caput dum deportaretur, in mari et terra dedit signa innumera. In mari enim multa marina pericula fugavit; et in terra, ut eius translationis eodex refert, quosdam mortuos ad vitam reduxit. Qua propter creditur veraciter illud esse caput præcursoris venerandi. Cujus inventio sexto kalendas martii agitur, tempore Marciani Principis, quando idem Præcursor duobus monachis locum, quo ejus caput celatum jaceret, primum revelavit.

Via sancti Jacobi in urbe Sanctonensium beati Eutropii Episcopi et Martyris corpus digne peregrinantibus visitandum est. Sanctissimam cujus passionem beatus Dionysius, consocius ejus ac Parisiorum Præsul, litteris Græcis scripsit, et parentibus suis in Græcia (qui jam in Christo credebant) per manum beati Clementis Papæ misit. Quam scilicet passionem Constantinopoli in schola Græcorum, quodam codice passionum plurimorum sanctorum Martyrum, olim reperi; et ad decus Domini nostri Jesu Christi ejusque gloriosi Martyris Eutropii de græco in latinum, prout potui, edidi. Et ita incipiebat.

Dionysius Francorum Antistes prosapia Græcus, reverentissimo Papæ Clementi, salutem in Christo. Eutropium quem mecum in his oris ad prædicandum Christi nomen misistis Martyrii coronam per manus gentilium apud Sanctonas urbem vobis notificamus pro Domini fide accepisse. Quapropter paternitatem vestram humiliter exoro, ut hunc Passionis ejus codicem consanguineis meis notis, et amicis fidelibus in Græciæ oris, Athenis præcipue, quam citius poteritis mittere non differatis, quatinus illi, cæterique, qui a beati Paulo Apostolo, novæ regenerationis lavacrum una mecum olim acceperunt, cum audierint gloriosum Martyrem pro Christi fide crudelem necem subiisse, gaudeant tribulationes et angustias pro Christi nomine se sustulisse; et si forte a gentilium furore illis aliquod martyrii genus illatum fuerit, accipere patienter pro Christo discant, nec etiam amodo formident. Omnes enim qui volunt pie vivere in Christo, necesse est ut ab impiis et dissimilibus opprobria patiantur, et despiciantur tamquam insani, et stulti, quia per multas tribulationes nos oportet introire in regnum Dei.

Corpore longinquus
Votis animoque propinquus
Nunc tibi dico vale
Quod sit tibi perpetuale.

Incipit passio beati Eutropii Sanctonensis Episcopi et Martyris.

Gloriosissimus namque Christi martyr Eutropius Sanctonensis Antistes venustus, gentili genere Persarum editus, excellentiori prosapia totius mundi exstitit oriundus; quem Babylonis *admirandus* (1) nomine Xerxes, ex Guiva Regina generavit humanitus. Nullus eo esse potuit genere sublimior, nec fide, et opere post conversionem humilior. Qui cum in pueritia litteris chaldaicis, et græcis, edoctus esset, atque heroës summos totius regni prudentia et curiositate æquipararet; si forte in eius curia, vel curiosior eo, vel aliquid barbarum esset, prospicere desiderans, Herodem Regem in Galilæa adiit. In cuius curia, dum per aliquot dies mansisset, audita Salvatoris miraculorum fama de Urbe, in civitate illum quæsivit; quem abeuntem trans mare Galilææ, quod est Tiberiadis, cum innumeris populorum turbis, quæ eum sequebantur videntes signa quæ faciebat, consequutus est. Tunc divina disponente gratia contigit die illa, quod Salvator sua ineffabili largitate, de quinque panibus et duobus piscibus, hominum quinque millia, illo adstante, saciavit. Viso hoc miraculo, juve-

---

(1) *Émir*, commandant, empereur. Allusion à ceux de Bagdad. L'ancien français avait *amirant*, et l'espagnol conserve encore *almirante* (amiral), qui se rattache évidemment à l'arabe *'amir*. Viendrait-il de AMR que Norris retrouve avec le sens de « maître » dans les inscriptions cunéiformes?

nis Eutropius, ac fama cæterorum miraculorum eius audita, in eo aliquantulum jam credens, loqui ei desiderans, nec audebat; quia Nicanoris, eius pædagogi, distinctionem formidabat cui admirandus pater eius ad custodiendum illum tradiderat : saciatur tamen pane Dominicæ gratiæ; Hierosolymam perrexit, et adorato Creatore in templo gentili more, remeavit ad patris sui domum.

Et cæpit ei enarrare cuncta, quæ in Patria unde venerat, diligenter viderat. Vidi inquit hominem qui dicitur Christus, cui in toto mundo similis nequit inveniri. Mortuis vitam, leprosi emundationem, cœcis visum, surdis auditum, claudis pristinam virtutem, omnibusque generibus infirmorum sanitatem ipse præbet. Quid plura? Quinque hominum millia de quinque panibus et duobus piscibus, me vidente, saciavit; de fragmentis vero duodecim cophinos eius clientes impleverunt. Fames, tempestas, mortalitas, oris quibus moratur, locum habere nequivit: si jam illum cœli, terræque creator in nostra regione mittere dignaretur, utinam tua gratia illi honorificentiam exhiberet! Admirandus vero hæc, et his similia, a puero auscultans, diligenter tacitus cogitabat qualiter eum videre posset. Post exiguum vero tempus vix à Rege impetrata licentia, puer Dominum videre denuo desiderans Jerusalem adiit, causa adorandi in Templo; et erant cum eo Warradac, dux exercituum et Nicanor, Regis Dapifer, pueri pædagogus, cæterique multi nobiles quos illis Admirandus tradiderat ad custodiendum. Qui cum regressus à Templo die quadam Domino, revertenti a Bethania ubi Lazarum resuscitaverat, inter valvas Hierosolymitanas confluentibus undique turbis innumeris, obviare videns Hebræorum pueros, cæterasque gentium phalanges obviam ei exeuntes palmarum et olivarum cæterarumque arborum, flores et frondes per viam, qua iturus erat, sternentes ac Hosanna filio David clamantes; ultra quam dici fas est, gavisus cæpit diligenter ante eum sternere flores. Tunc a quibusdam didicit, quod ipse Lazarum, quatriduanum, a mortuis suscitaverat, magisque lætatus est. Sed quia ad plenum Salvatorem tunc videre præ nimia multitudine turbarum circumfluentium non poterat, valde cæpit contristari. Erat enim ipse cum his, de quibus testificat Joannes in Evangelio suo dicens: *Erant autem gentiles quidam ex his qui venerant ut adorarent in die festo. Hi accesserunt ad Philippum, qui erat a Bethsaida civitate, et dixerunt ei: Domine, volumus Jesum videre.* Quod Philippus, Andreæ sociatus, Domino nunciavit; et statim beatus Eutropius una cum suis assectis illum palam vidit, et valde lætatus, in eum credere occulte cæpit. Tandem illi penitus sociatus est; sed sociorum sententiam, quibus pater ultra modum præceperat ut eum fortiter custodirent, et ad se reducerent, formidabat. Tunc didicit a quibusdam, quod Judæi Salvatorem in proximo essent occisuri; tanti viri necem videre renuens, die crastina ab Hierosolymis recessit. Itaque ad patrem suum regressus, cuncta, quæ in Hierosolymitanis oris de Salvatore viderat, cunctis in Patria sua ordine enarravit. Tunc Babylone paululum commoratus, Salvatori omnino adhærere cupiens, eumque adhuc vivere corporaliter putans cum quodam scutigero, nesciente patre, post dies quadraginta quinque Hierosolymam denuo regreditur: Mox ut Dominum quem occulte diligebat, cruce passum, et a Judæis occisum fuisse, audivit, valde doluit. Cumque a mortuis illum surrexisse, ac Disc__ılis apparuisse, cælosque cum magno triumpho ascendisse didicisset, valde cæpit lætari. Demum die Pentecostes, Dominicis Discipulis sociatus, diligenter ab eis didicit, qualiter Spiritus Sanctus linguis igneis super illos descenderat, eorum corda repleverat, omniumque linguarum genere illos docuerat. Repletus Spiritu Sancto, Babylonem rediit; et quos in ea patria Judæos reperit, propter illos, qui Hierosolymam nece Dominum damnaverant, zelo dilectionis Christi fervens gladio peremit. Item transacto tempore exiguo, Dominicis Discipulis diversa cosmi climata adeuntibus, duo candelabra aurea, fide fulgentia, divina disponente gratia, Simon scilicet et Thaddæus, Apostoli Domini, Persidem directi sunt; qui cum Babylonem ingressi essent, eiectis a finibus illis quibusdam magis Zaroen, et Arfaxat, qui populos suis vanis locutionibus et signis a fide avertebant, Apostoli vitæ æternæ semina cunctis erogantes, miraculorum omnibus generibus coruscare cæperunt. Tunc sanctus puer Eutropius de illorum adventu gavisus Regem admonebat, ut errore gentilium et idolorum relicto, fidem Christianam subiret, per quam polorum regnum adipisci mereretur. Quid plura? Illico Apostolis prædicantibus Rex et filius eius, cum multis cætibus civium Babylonis, per manus eorumdem Apostolorum baptismatis gratia regenerantur. Denique conversa tota urbe ad fidem Dominicam, ecclesiam cum omnibus gradibus suis Apostoli instituerunt; et Abdiam virum fidelissimum evangelica doctrina imbutum quem secum a Hierosolymitanis oris adduxerant, Antistitem super Christianam plebem, et Eutropium Archidiaconem ordinaverunt; et profecti sunt in aliis urbibus verbum Dei prædicando. Qui cum non post multos dies per martyrii triumphum alibi præsentem vitam consummassent, beatus Eutropius eorum Passionem chaldaicis et græcis litteris commendavit, et audita fama miraculorum et virtutum beati Petri Apostolorum Principis, qui tunc Romam officio appellatus, fungebatur, sæculo omnino abrenuntians, accepta ab Episcopo licentia, patre suo ignorante, Romam adiit. Qui cum a beato Petro diligenter esset receptus, Dominicis præceptis ab eo imbutus, cum eo aliquantulum commoratus, jussu et consilio eius regionem Gallicam, cum aliis fratribus prædicando aggreditur; cumque urbem, quæ Sanctonas dicitur, intraret, vidit eam undique muris antiquis optime septam, excelsis turribus decoratam, in optimo loco sitam, amplitudine et latitudine congruam, cunctis felicitatibus et ferculis affluentem, pratis optimis, fontibusque lucidis saciatam, ingenti flumine munitam, hortis et pomariis et vineis per circuitum uberrimam, salubri aëre opertam, plateis et vicis amœnam multisque modis venustam. Cæpit bonus æmulator excogitare istam pulcherrimam ac insignem urbem ab errore gentilium Idolorumque cultura converti, legibusque Christianis submitti Deus dignaretur; itaque, per plateas et vicos eius pergens, verbum Dei instanter prædicabat. Mox ut illum cives barbarum virum esse cognoverunt et Sanctæ Trinitatis et baptismatis verba, olim sibi inaudita, illum prædicantem audierunt; illico indignantes extra urbem illum facibus adustum, et perticis immanissimis verberatum eiecerunt. Ille vero hanc persecutionem patienter ferens, quoddam tugurium ligneum iuxta urbem in quodam monte fecit, in quo diu moratus est. Prædicabat enim per diem in urbe, et nocte vigiliis precibusque et lacrymis in tugurio illo pernoctabat. Qui cum per longissimum tempus nisi raros sua prædicatione ad Christum converti potuisset,

Dominicum præceptum commemoravit: *Quicumque non recceperint vos, neque audierint sermones vestros; exeuntes foras de domo, vel de civitate, excutite pulverem de pedibus vestris.* Tunc Romam denuo adiit in qua, passo beato Petro in Cruce, a sancto Clemente qui iam Papa erat admonitus est ut ad præfatam urbem rediret, et prædicans Dominica præcepta martyrii coronam in ea exspectaret. Denique ab ipso Papa ordine Episcopali suscepto, una cum beato Dionysio, qui a Græciæ oris Romam advenerat, simul cum cæteris fratribus quos ipse Clemens ad prædicandum Galliam dirigebat, Antisiodorum usque pervenit. Ibi divinæ dilectionis amplexibus lacrymosisque salutationibus discedentes, Dionysius cum sociis suis Parisiacam urbem adiit, et beatus Eutropius rediens Sanctonas fortiter animatus ad tolerantiam Passionis, zelo Christi plenus, semet ipsum corroboravit dicens : *Dominus mihi adiutor est; non timebo quid faciat mihi homo;* si persecutores occidunt corpus, animam non possunt occidere; pellem pro pelle, et universa, quæ habet homo, det pro anima sua. Tunc constanter urbem ingressus, velut amens, opportune importune instans, fidem Dominicam prædicabat, cunctis ostendens Christi Incarnationem, Passionem, Resurrectionemque, Ascensionem et cætera quæ pro humani generis salute subire dignatus est. Et quia nemo potest introire in regnum Dei, nisi quis renatus fuerit ex aqua et Spiritu Sancto, omnibus palam insinuabat. Morabatur etiam nocte in præfato tugurio sicut prius. Illo itaque prædicante, statim divina gratia de super adveniente, multi gentiles in urbe ab eo baptizantur, inter quos quædam eiusdem urbis Regis filia, nomine Eustella, baptismatis unda regeneratur; quod ut pater eius agnovit, abominatus est illam et extra urbem eiecit. Illa autem videns se esse pro Christi amore eiectam, cæpit iuxta sancti viri tugurium commorari; pater tamen, natæ suæ amore compunctus, misit sæpe nuntios ad eam, ut domum rediret; illa vero respondit se malle extra urbem pro Christi fide commorari, quam in urbe redire, et idolis contaminari. At ipse pater ira commotus, convocatis sibi totius urbis carnificibus, centum quinquaginta scilicet, imperavit illis, ut sanctum Eutropium perimerent, Virginemque secum ad patris thalamum adducerent. Illi autem secundo die kalendarum maii, coadunatis sibi multitudinibus gentilium, venerunt ad præfatum tugurium sanctissimumque Dei virum lapidibus primitus lapidarunt, inde fustibus et corrigiis plumbeatis nudum verberarunt, demum securibus et asciis illiso capite peremerunt. Præfata vero puella, una cum quibusdam Christianis, nocte illum in tugurio ipsius sepelivit, vigiliisque luminariis et obsequiis divinis observavit indesinenter quamdiu vixit; quæ cum ab hac vita finε sacro migraret, juxta Magistri sarcophagum in libero prædio suo iussit se sepeliri. Postea vero super beati Eutropii Corpus sanctissimum ingens basilica sub eius honore in nomine sanctæ et individuæ Trinitatis a Christianis miro opere fabricatur, in qua a cunctis morborum generibus colliniti crebro liberantur, claudi eriguntur, cæci illuminantur, auditus surdis redditur, dæmoniaci liberantur, et omnibus corde sincero poscentibus juvamina salutaria præstantur; et catenæ ferreæ et manicæ cæteraque ferrea instrumenta diversa, e quibus B. Eutropius vinctos liberavit, suspenduntur. Ipse ergo suis dignis meritis et precibus nobis apud Deum veniam impetret, vitia nostra diluat, virtutes in nobis vivificet, vitam nostram dirigat in mortis periculo, a barathri faucibus nos eripiat, in extremo examine summam æterni Judicis iram nobis placet, et ad superna polorum regna perducat; præstante Domino nostro Jesu Christo, qui cum Patre et Spiritu Sancto vivit et regnat Deus per infinita sæcula sæculorum. Amen.

Deinde apud Blavium, in maritima, beati Romani præsidia petenda sunt; in cuius basilica requiescit corpus B. Rotolandi, Martyris, qui cum esset genere nobilis, Comes scilicet Caroli Magni Regis, de numero duodecimo pugnatorum ad expugnandas gentes perfidas, zelo fidei septus, Hispaniam ingressus est. Hic tanta fortitudine repletus fuit quod petronum quemdam, ut fertur, in Runciavalle a summo usque deorsum sua framea per medium, trino ictu scilicet, scidit; et tubam sonando oris sui vento similiter per medium divisit. Tuba vero eburnea scilicet scissa apud Burdegalem urbem in basilica beati Severini habetur, et super petronum in Runciavalle quædam ecclesia fabricatur. Postquam vero Rotolandus multa bella regum et gentilium devicit, fame frigore caloribusque nimiis fatigatus, alapis immanissimis et verberibus crebris pro divini Numinis amore cæsus, sagittisque et lanceis vulneratus, tandem siti fertur, in præfata Valle, Christi martyr pretiosus obiisse. Cuius sacratissimum corpus in beati Romani basilica apud Blavium ipsius socii digna veneratione sepelierunt.

Deinde apud Burdegalem urbem beati Severini, Episcopi, et Confessoris corpus visitandum est. Cuius solemnitas decimo kalendas novembris colitur.

Item in Landis Burdegalensibus, Villa quæ dicitur Belinus, visitanda sunt Corpora sanctorum martyrum Oliveri,

Galdelbodi Regis Phrisiæ, Otgerii Regis Daciæ, Arastagni Regis Britanniæ, Garini Ducis Lotharingiæ, et aliorum plurimorum, scilicet Caroli Magni, pugnatorum qui devictis exercitibus paganorum in Hispania trucidati pro Christi fide fuere. Quorum pretiosa corpora usque ad Belinum socii illorum detulerunt; et ibi studiosissime sepelierunt. Jacent omnes una in uno tumulo, ex quo suavissimus odor flagrat, unde colliniti sanantur.

Deinde visitandum est in Hispania beati Dominici, Confessoris, Corpus, qui Calciatam quæ est inter Nageram urbem et Radicellas, fecit; ubi ipse requiescit.

Item visitanda sunt Corpora beatorum martyrum Facundi scilicet et Primitivi, quorum basilicam Carolus fecit, juxta quorum Villam sunt prata nemorosa, in quibus infixæ hastæ lancearum pugnatorum fronduisse referuntur. Quorum solemnitas quinto kalendas decembris colitur. Inde apud urbem Legionem visitandum est Corpus venerandum beati Isidori Episcopi et Confessoris, sive Doctoris, qui regulam piissimam Clericis Ecclesiasticis instituit et gentem Hispanicam suis doctrinis imbuit, totamque sanctam Ecclesiam codicibus suis florigeris decoravit. Tandem beati Jacobi Apostoli corpus dignissimum summopere atque studiosissime in urbe Compostellana visitandum est.

Hi præfati Sancti, cum aliis omnibus sanctis Dei, suis meritis et precibus auxilientur nobis, apud Dominum nostrum Jesum Christum, qui cum Patre et Spiritu Sancto, vivit et regnat Deus per infinita sæcula sæculorum. Amen.

Cap. IX. — *De qualitate urbis et basilicæ sancti Jacobi Apostoli Galleciæ*. CALIXTUS PAPA, ET AYMERICUS CANCELLARIUS.

Inter duos fluvios, quorum unus vocatur Sar et alter Sarela, urbs Compostella sita est : Sar est ad orientem inter montem Gaudii, et urbem; Sarela, ad occasum. Urbis vero introitus et portæ sunt septem : primus introitus dicitur porta *Francigena* (1); secundus porta Pœnnæ (2); tertius porta de Subfratribus; quartus porta de sancto Peregrino; quintus porta de Falgueriis, quæ ducit ad Petronum ; sextus porta de Susannis; septimus porta de Macereliis, per quam pretiosus bacchus venit ad urbem.

§ 1er. — De ecclesiis urbis.

Hac in urbe decèm ecclesiæ solent esse; quarum prima gloriosissimi Apostoli Jacobi Zebedæi, in medio sita, refulget gloriosa; secunda beati Petri Apostoli, quæ monachorum est Abbatia, iuxta viam Francigenam sita; tertia sancti Michaëlis quæ dicitur de Cisterna ; quarta sancti Martini episcopi, quæ dicitur de Piniario, quæ etiam monachorum

---

(1) *Puerta de Francos*, aujourd'hui *puerta del Camino*, dans l'angle nord-est de la ville, où finissait la grande voie de Saint-Jacques (*camino francés*).

(2) *Puerta de la Peña*, vers l'angle nord-ouest. — Tous les éclaircissements que l'on pourrait souhaiter à propos de ce chapitre, et qui au reste s'éloignent du but philologique que j'ai en vue, se trouvent pour la plupart dans l'ouvrage : *Recuerdos de un viaje à Santiago de Galicia*, que j'ai publié naguère à Madrid avec la collaboration de mon savant collègue, Don Aureliano Fernandez Guerra.

est Abbatia; quinta sanctæ Trinitatis, quæ est peregrinorum sepultura; sexta sanctæ Susannæ virginis, quæ est juxta viam Petroni; septima sancti Felicis martyris, octava sancti Benedicti; nona sancti Pelagii martyris, quæ est retro beati Jacobi basilicam; decima sanctæ Mariæ Virginis, quæ est retro ecclesiam sancti Jacobi, habens introitum in eamdem basilicam. Item altare sancti Nicolai et sanctæ Crucis.

§ 2. — De ecclesiæ mensura.

Basilica r̄ nque sancti Jacobi habet in longitudine quinquaginta et tres hominis status, videlicet a porta occidentali, usque ad sancti Salvatoris altare; in latitudine vero habet quadraginta, unum minus, a porta scilicet Francigena usque ad meridianam portam; altitudo vero ejus quatuordecim status habet intus. Quanta sit extra ejus longitudo et altitudo a nullo valet comprehendi. Ecclesia vero eadem novem naves habet inferius, et sex superius, et unum caput, maius videlicet, in quo sancti Salvatoris est altare; et lauream unam, et unum corpus, et duo membra, et octo alia parva capita habet. In singulis quibusque singula habentur altaria; e quibus novem navibus sex modicas tresque magnas esse dicimus. Prima navis principalis est a portali occidentali usque ad medios pilares, quatuor scilicet, qui omnem gubernant ecclesiam; habens unam naviculam ad dexteram, et aliam ad lævam. Aliæ vero duæ magnæ naves in duobus membris habentur: quarum prima a porta Francigena usque ad quatuor pilares crucis ecclesiæ pertinet, et secunda ab ipsis pilaribus usque ad portam meridianam; quæ utræque naves duas laterales naviculas habent. Hæ vero tres naves principales usque ad ecclesiæ Cœlum pertingunt; et sex paucæ naviculæ usque ad medias cindrias tantum ascendunt. Utræque magnæ naves undecim et dimidium status hominis habent in latitudine. Statum hominis recte de octo palmis esse dicimus. In maiori navi triginta, unus minus, pilares habentur : quatuordecim ad dexteram totidemque ad lævam, et unus est inter duos portallos deintus adversus aquilonem, qui ciborios separat. In navibus vero crucis eiusdem ecclesiæ, a porta videlicet Francigena usque ad meridianam, viginti et sex habentur pilares, duodecim ad dexteram, totidemque ad lævam; quorum duo ante valvas intus positi ciborios separant et portallos. In corona namque ecclesiæ octo singulares columnæ habentur circa beati Jacobi atlare; sex naviculæ, quæ superius in palatio ecclesiæ habentur, longitudine et latitudine tali sunt sicut subiugales aliæ naviculæ quæ sunt deorsum; ex uno quidem latere tenent parietes, et alio pilares, qui desubter de magnis navibus sursum ascendunt, et duplices pilares a lapicidibus vocantur mediæ cindræ. Quot sunt pilares inferius, in ecclesia, tot sunt superius in navibus; et quot cingulæ inferius, tot sunt in palatio superius : sed in navibus palatii inter pilares singulos, duæ simul columnæ semper sunt, quæ vocantur columnæ cindriæ a lapicidibus. In eadem vero ecclesia nulla scissura, vel corruptio invenitur, mirabiliter operatur, magna, spatiosa, clara, magnitudine condecenti, latitudine longitudine et altitudine congruenti, miro et ineffabili opere habetur, quæ etiam dupliciter velut regale palatium operatur. Qui enim sursum per naves palatii vadit, si tristis ascendit, visa optima pulchritudine eiusdem templi, lætus et gavisus efficitur.

§ 3. — De fenestris.

Fenestræ vero vitreæ, quæ sunt in eadem basilica sexaginta et tres numero habentur. Ad unumquodque altare, quod est in corona, tres habentur; in cœlum vero basilicæ circa beati Jacobi altare quinque fenestræ habentur, unde Apostolicum altare valde perlustratur; in palatio vero sursum quadraginta et tres numero habentur fenestræ.

§ 4. — De portallulis.

Tres portales principales, et septem paucos, habet eadem ecclesia: unum qui respicit ad occidentem, scilicet principalem, et alium ad meridiem, alterum vero ad septemtrionem; et in unoquoque portali principali duo sunt introitus, et in unoquoque introitu duæ portæ habentur. Primus vero ex septem portallulis vocatur de sancta Maria; secundus de Via Sacra; tertius de sancto Pelagio; quartus de Canonica; quintus de Petraria; sextus similiter de Petraria; septimus de Grammaticorum schola qui domo etiam Archiepiscopi præbet ingressum.

§ 5. — De fonte sancti Jacobi.

Cum nos *gens Gallica* Apostolicam basilicam ingredi volumus per partem septemtrionalem intramus; ante cuius introitum est iuxta viam Hospitale pauperum peregrinorum sancti Jacobi; et inde habetur, ultra viam scilicet, quidam paradisus, ubi sunt gradus descensionis novem. In fine vero graduum eiusdem paradisi fons mirabilis habetur, cui similis in toto mundo non invenitur. Habet enim fons ille in pede tres gradus lapideos, super quos sita est quædam pulcherrima concha lapidea, instar paropsidis, vel baciuni, rotunda et cavata; quæ etiam tanta habetur, quia largiter possunt balneari, ut puto, quindecim homines. In medio cuius sita est columna ærea, inferius grossa, septem quadris apta, decenti altitudine longa; de cuius cacumine quatuor procedunt leones, per quorum ora quatuor exeunt lymphæ flumina ad reficiendum beati Jacobi peregrinos et cives. Quæ etiam flumina, post quam egrediuntur ab oribus leonum, illico labuntur in eadem concha inferius, et abhinc exeuntes per quoddam eiusdem concnæ foramen subtus terram recedunt. Sicut videri nequit unde aqua venit, sic nec videri valet quo vadit. Est autem lympha illa dulcis, nutribilis, sana, clara, optima, hyeme calida, æstate temperata. In præfata vero columna hæ litteræ scriptæ hoc modo in duabus lineis sub pedibus leonum habentur per circuitum:

☦

Ego Bernardus beati Jacobi T. S. (id est Thesaurarius)
hanc aquam huc adduxi, et presens opus composui ad meæ
et animarum meorum parentum remedium
Æra MCLX, *tertio idus aprilis* (1).

§ 6. — De paradiso Urbis.

Post fontem habetur paradisus, ut divinus, pavimento lapideo factus, in quo crucillæ piscium itidem inter signa

---

(1) *11 avril 1122.* On sait que l'ère espagnole devance de 38 ans l'ère vulgaire.

beati Jacobi venduntur peregrinis; et butti vinarii, sotulares, peræ cervinæ, marsupia, corrigiæ, cingulæ et omne genus herbarum medicinalium, et cætera pigmenta et alia multa ibi ad vendendum habentur. Cambiatores et hospitales cæterique mercatores in via Francigena habentur. Paradisus vero ille tantus est quantus jactus est lapidis in utraque parte.

§ 7. — De porta septemtrionali.

Post paradisum namque illum, septemtrionalis porta Francigena eiusdem basilicæ sancti Jacobi invenitur; in qua duo introitus habentur, qui etiam his operibus pulchre sculpuntur. In unoquoque introitu exterius sex habentur columnæ, aliæ marmoreæ, aliæ lapideæ; ad dexteram tres, et ad lævam tres; sex scilicet in uno introitu et sex in alio; itaque duodecim habentur columnæ. Super vero columnam, quæ est inter duos portales deforis, in pariete residet Dominus in sede maiestatis; et manu dextera benedictionem innuit, et in sinistra librum tenet. Et in circuitu throni eius sunt quatuor evangelistæ, quasi thronum sustinentes; et ad dexteram eius paradisus est insculptus, in quo ipse Dominus est in alia effigie Adam et Hevam corripiens de peccato; et ad lævam est similiter in alia persona ejiciens eos a paradiso. Ibidem vero circum circa multæ imagines sanctorum, bestiarum, hominum, Angelorum, feminarum, florum cæterarumque creaturarum sculpuntur, quarum essentiam et qualitatem præ magnitudine sua narrare non possumus. Sed tamen, super portam, quæ est ad sinistram cum basilicam intramus, in ciborio scilicet, beatæ Mariæ Virginis Annuntiatio sculpitur; loquitur etiam ibi angelus Gabriel ad eam. Ad lævam vero super portas, in laterali introitu, menses anni et alia multa opera pulchra sculpuntur. Duo vero leones magni et feroces forinsecus in parietibus habentur, qui valvas, quasi observantes, semper respiciunt unus ad dexteram et alius ad lævam. In liminaribus vero sursum quatuor Apostoli habentur, manibus sinistris libros singuli singulos tenentes, et dextris manibus elevatis introeuntibus basilicam innuunt benedictionem. Petrus est in introitu sinistrali ad dexteram, Paulus ad lævam, et in dextrali introitu Joannes Apostolus ad dexteram, et beatus Jacobus ad lævam. Sed et super singula Apostolorum capita quorumdam boum ex liminaribus exsilientium capita sculpuntur.

§ 8. — De porta meridiana.

In meridiana porta Apostolicæ basilicæ duo introitus, ut diximus, habentur et quatuor valvæ. In dextrali vero introitu eius de foris, scilicet in primo ordine, super portas Dominica Traditio miro opere sculpitur: ibi Dominus ligatur manibus Judæorum ad pilarem; ibi verberatur corrigiis; ibi sedet Pilatus in Cathedra, quasi judicans eum. Desuper vero in alio ordine beata Maria, Mater Domini, cum Filio suo in Bethlehem sculpitur, et tres Reges qui veniunt ad visitandum puerum cum Matre trinum munus ei offerentes, et Stella, et Angelus eos admonens ne redeant ad Herodem. In liminaribus eiusdem introitus sunt duo Apostoli quasi valvarum custodes, unus ad dexteram, et alius ad sinistram; similiter in alio introitu sinistrali, in liminaribus scilicet, alii duo Apostoli habentur. Et in primo ordine eiusdem introitus, super portas scilicet, Dominica Tentatio sculpitur; sunt enim ante Dominum tetri Angeli, quasi larvæ, statuentes eum super pinnaculum Templi; et alii offerunt ei lapides admonentes ut faciat ex illis panem; et alii ostendunt ei regna mundi fingentes se ei daturos ea si cadens adoraverit eos, quod absit. Sed alii Angeli candidi, videlicet boni, post tergum ejus; et alii etiam desuper, thuribulis ei ministrantes, habentur. Quatuor leones in eodem portallo habentur; unus ad dexteram in uno introitu; et alius in altero; inter duos vero introitus, in pilario sursum, alii duo feroces leones habentur, quorum unus posteriora sua ad alterius posteriora tenet. Undecim vero columnæ in eodem portallo habentur; in introitu dextrali, scilicet ad dexteram, quinque; et in sinistrali introitu, ad lævam videlicet, totidem; undecima vero inter duos introitus est, quæ ciborios separat; quæ scilicet columnæ, aliæ marmoreæ, aliæ lapideæ, mirabiliter imaginibus, floribus, hominibus, avibus, animalibusque sculpuntur; hæ vero columnæ albi marmoris sunt. Nec est oblivioni tradendum quod mulier quædam juxta Dominicam tentationem stat, tenens inter manus suas caput lecatoris sui fœtidum, a marito proprio abscissum, osculans illud bis per diem, coacta a viro suo. O quam ingentem et admirabilem justitiam mulieris adulteratæ omnibus narrandam! In superiori vero ordine, super quatuor valvas versus palatium basilicæ, quidam ordo mirabiliter ex lapidibus albi marmoris pulchre refulget. Stat enim Dominus ibi rectus, et sanctus Petrus ad sinistram eius claves suas manibus tenens, et beatus Jacobus ad dexteram inter duas arbores cypressinas, et sanctus Joannes juxta eum, frater eius; sed et ad dexteram et lævam Apostoli cæterique habentur. Est igitur murus desursum et deorsum, ad dexteram scilicet et lævam, optime sculptus, floribus videlicet, hominibus sanctis, bestiis, avibus, piscibus, cæterisque operibus, quæ a nobis comprehendi narratione nequeunt. Sed quatuor Angeli super ciborios habentur, cornua singuli tenentes, Judicii diem pronuntiantes.

§ 9. — De porta occidentali.

Porta occidentalis, habens duos introitus, pulchritudine magnitudine et operatione alias transcendit portas ; ipsa major, et pulchrior aliis habetur, et mirabilius operatur ; multisque gradibus deforis, columnisque diversis marmoreis, speciebusque variis et diversi modis decoratur ; imaginibusque, hominibus, feminis, animalibus, avibus, Sanctis, Angelis, floribus diversisque generum operibus sculpitur. Cuius opera tanta sunt, quia a nobis narrationibus comprehendi nequeunt. Sursum tamen Dominica Transfiguratio, qualiter in monte Thabor fuit facta, mirabiliter sculpitur. Est enim Dominus ibi in nube candida, facie splendens ut sol, veste refulgens ut nix ; et Pater de super loquens ad ipsum ; et Moyses et Elias qui cum illo apparuerunt, loquentes ei excessum, quem completurus erat in Jerusalem. Ibi vero beatus Jacobus est et Petrus et Joannes, quibus transfigurationem suam præ omnibus Dominus revelavit.

§ 10. — De turribus basilicæ.

Novem vero turres in eadem ecclesia habituræ sunt : duæ scilicet super portalem meridianum, et duæ super portalem occidentalem, et duæ super singulas vites ; et alia maior super crucem in medio basilicæ : his cæterisque operibus pulcherrimis beati Jacobi basilica optime gloriosa refulget. Est etiam tota ex fortissimis lapidibus vivis, brunis scilicet et durissimis, ut marmor facta; et deintus diversis speciebus depicta, et deforis teulis et plumbo optime cooperta. Sed ex his, quæ diximus, alia sunt eam omnino adimpleta, aliaque adimplenda.

§ 11. — De altaribus basilicæ.

Altaria huius basilicæ hoc ordine habentur. In primis juxta portam Francigenam quæ est in sinistrali parte, est altare sancti Nicolai; inde est altare sanctæ Crucis; inde est, in corona scilicet, altare sanctæ Fidis, Virginis; inde altare sancti Joannis Apostoli et Evangelistæ, fratris sancti Jacobi; inde est altare sancti Salvatoris in maiore scilicet capite; inde est altare sancti Petri Apostoli; inde est altare sancti Andreæ; inde est altare sancti Martini Episcopi; inde est altare sancti Joannis Baptistæ. Inter altare sancti Jacobi et altare sancti Salvatoris est altare sanctæ Mariæ Magdalenæ ubi decantantur Missæ matutinales peregrinis. Sursum in palatio Ecclesiæ tria altaria solent esse: magister quorum est altare sancti Michælis Archangeli; et aliud altare est in dextrali parte, scilicet sancti Benedicti; et aliud est altare in sinistrali parte sanctorum scilicet Pauli Apostoli et Nicolai Episcopi, ubi etiam solet esse Archiepiscopi capella.

§ 12. — De corpore et altari sancti Jacobi.

Sed enim de qualitate ecclesiæ hactenus tractavimus;

nunc de Apostolico altari venerabili nobis est tractandum. In præfata siquidem venerabili basilica, beati Jacobi corpus venerandum sub altari maiori, quod sub eius honore fabricatur, honorifice (ut fertur) jacet, arca marmorea reconditum in optimo arcuato sepulchro, quod miro opere et magnitudine condecenti operatur: quod etiam corpus immobile esse perhibetur, testante sancto Theodomiro eiusdem urbis Episcopo, qui illud olim re ,erit et nullatenus movere potuit. Erubescant igitur æmuli Transmontani qui dicunt se aliquid ex eo, vel reliquias eius habere. Apostolicum namque corpus totum ibi habetur; carbunculis paradisiacis divinitus illustratum, odoribus Divinis, indeficientibus, fragrantibus honestatur, cereisque cœlestibus fulgentibus decoratur angelicisque obsequiis sedule honoratur. Super cuius sepulchrum est altare parvum, quod eiusdem Discipuli, ut fertur, fecerunt; quod etiam propter amorem Apostoli, Discipulorumque eius, a nullo postea voluit deleri. Et super illud est altare magnum et mirabile, quod habet in altitudine quinque palmos et in longitudine duodecim et in latitudine septem. Sic propriis manibus ego mensuravi. Est igitur altare parvum ex tribus lateribus, ad dexteram scilicet et lævam et retro sub eodem altari magno clausum; sed in antea apertum, ita ut videri aperte potest, ablata tabula argentea, altare vetus. Sed siquis coopertorium, vel linteamen, ad cooperiendum altare Apostolicum amore beati Jacobi mittere voluerit, de novem palmis: in latitudine et in longitudine, de viginti et uno mittere debet. Si vero pallium amore Dei, et Apostoli quis ad cooperiendum altare, scilicet in antea, miserit; videat, ut eius latitudo septem palmis fiat, et longitudo eius tredecim.

§ 13. — De tabula argentea.

Tabula vero quæ est ante altare, honorifice auro et argento operatur. Sculpitur enim in medio eius thronus Domini, in quo sunt viginti quatuór seniores eo ordine, quo beatus Joannes, frater sancti Jacobi in Apocalypsi sua eos vidit, duodecim scilicet ad dexteram totidemque ad lævam per circuitum, citharas et phialas aureas, plenas odoramentis, manibus tenentes. In medio cuius residet Dominus, quasi in sede maiestatis, manu sinistra librum vitæ tenens, et dextera benedictionem innuens. In circuitu vero throni eius quatuor Evangelistæ habentur, quasi thronum sustinentes. Duodecim vero Apostoli ad dexteram eius et lævam ordinati sunt, tres scilicet in primo ordine ad dexteram, et tres in superiori similiter sunt ad lævam, tres in primo ordine inferiori, et tres in superiori. Flores etiam ibi habentur optimi per circuitum, et columnæ inter Apostolos pulcherrimæ. Est etiam tabula operibus decens, et optima his versibus de super consscripta :

Hanc tabulam Didacus, Præsul Jacobita secundus,
Tempore quinquenni fecit Episcopii.
Marcas argenti de thesauro Jacobensi
Hic octoginta, quinque minus, numera.

Etiam deorsum hæ litteræ habentur :

Rex erat Anfonsus; gener eius Dux Raymundus;
Præsul præfatus quando peregit opus.

§ 14. — De cimborio apostolici altaris.

Cimborius vero qui hoc altare venerandum cooperit, mirabiliter picturis et debuxaturis speciebusque diversis, deintus et deforis, operatur. Est enim quadratus super quatuor columnas positus, altitudine et amplitudine congruenti factus. Deintus vero in primo ordine quædam speciales virtutes in modum mulierum, quas Paulus commemorat, octo scilicet habentur: in unoquoque angulo duæ sunt. Et super utrarumque capita Angeli recti stantes habentur, qui manibus elevatis thronum, qui est in summitate cimborii, tenent. In medio vero throni Agnus Dei pede Crucem tenens habetur: sed Angeli tot sunt, quot Virtutes. Deforis vero in primo ordine quatuor Angeli habentur, qui resurrectionem diei Judicii, buccinantes buccinis, pronuntiant; duo sunt antea in facie et duo retro in alia facie. In eodem vero ordine quatuor Prophetæ habentur: Moyses scilicet et Abraham in sinistrali facie; et Isaac et Jacob in dextrali; singuli singulos rotulos propriæ Prophetiæ manibus tenentes. In superiori vero ordine duodecim Apostoli sedent per circuitum. In prima facie, in antea scilicet, beatus Jacobus residet in medio, manu sinistra librum tenens, et dextera benedictionem innuens; ad cuius dexteram est alius Apostolus, et ad lævam alter in ordine proprio. Similiter ad dèxteram cimborii tres alii habentur Apostoli, et ad lævam eius tres, et retro eodem modo tres. In coopertura vero de super quatuor Angeli sedent, quasi altare custodientes. Sed in quatuor cornibus eiusdem cimborii, incipiente coopertura, quatuor Evangelistæ propriis similitudinibus sculpuntur. Deintus vero est depictus; deforis autem sculptus et depictus cimborius. In cacumine vero ejus deforis est quædam summitas erecta, tripliciter arcuata, in qua Trinitas Deica est insculpta. In primo arcu qui respicit ad occidentem, persona Patris, est erecta; et in secundo qui respicit inter meridiem, et orientem est persona Filii; et in tertio arcu qui respicit ad septentrionem est persona Spiritus Sancti. Item vero super hanc summitatem est pomus argenteus, lucifluus, super quem Crux ponitur pretiosa.

§ 15. — De tribus lampadibus.

Ante beati Jacobi altare, tres magnæ lampades argenteæ ad Christi et Apostoli decus suspenduntur. Illa vero quæ in medio earum est valde ingens habetur, et in effigie magni mortarioli mirabiliter operatur septem in se receptacula continens, in figura septem, premiorum Spiritus Sancti, in quibus septem luminaria ponuntur; quæ scilicet receptacula minime recipiunt, nisi oleum balsami, aut myrti, aut balani, aut olivæ; maius vero receptaculum est in medio aliorum. Et in unoquoque receptaculo ex his, qui in circuitu eius sunt, duæ Apostolorum imagines forinsecus sculpuntur. Anima Adefonsi Regis Aragonensis (1), qui eam, ut fertur, sancto Jacobo dedit requiescat in pace sempiterna.

(1) Alphonse *le Batailleur*. Il mourut en 1134.

§ 16. — De dignitate ecclesiæ sancti Jacobi, et canonicorum ejus.

Ad altare beati Jacobi nullus Missam solet celebrare, nisi sit Episcopus, aut Archiepiscopus, aut Papa, aut Cardinalis eiusdem ecclesiæ. Solent etenim esse in eadem basilica septem Cardinales ex more, qui Officium divinum celebrant super altare; constituti atque concessi a multis Apostolicis, insuper et confirmati a Domino Papa Calixto. Hanc vero dignitatem, quam beati Jacobi basilica ex more bono habet amore Apostoli, nullus ab ea auferre debet.

§ 17. — De lapicidibus ecclesiæ; et de primordio et fine operis ejus.

Didascali lapicidæ, qui prius beati Jacobi basilicam ædificaverunt, nominabantur Domnus Bernardus senex, mirabilis magister, et Rotbertus, cum cæteris lapicidibus, circiter quinquaginta, qui ibi sedule operabantur ministrantibus fidelissimis Dominis Wicarto et Domno canonicæ Segeredo, et Abbate Domno Gundesindo; regnante Adefonso Rege Hispaniarum sub Episcopo Domno Didaco primo et strenuissimo milite et generoso viro. Ecclesia autem fuit incœpta in Era MCXVI (1). Ab anno vero, quo incœpta fuit usque ad lethum Adefonsi, fortissimi et famosi Regis Aragonensis, habentur anni LIX ; et ad necem Henrici, Regis Anglorum LXII ; et ad mortem Ludovici pin-

---

(1) Les chiffres qui suivent démontrent que l'auteur confondait l'ère espagnole avec celle d'Auguste marquée par saint Julien de Tolède.

guissimi Regis Francorum LXIII; et ab anno quo primus lapis in fundamento eius ponitur usque ad illum quo ultimus mittitur XLIV anni habentur. Quæ etiam ecclesia a tempore quo fuit incœpta, usque in hodiernum diem fulgore miraculorum beati Jacobi vernatur : ægris enim in ea salus præstatur; cœcis visus refunditur; mutorum lingua solvitur; surdis auditus panditur; claudis sana ambulatio datur; dæmoniacis liberatio conceditur. Et quod maius est populorum fidelium preces exaudiuntur; vota suscipiuntur; delictorum vincula resolvuntur; pulsantibus cœlum operitur; mæstis consolatio datur; omnesque barbaræ gentes omnium mundi climatum catervatim ibi occurrunt, munera laudis Domino deferentes.

§ 18. — De dignitate ecclesiæ sancti Jacobi.

Nec est oblivioni tradendum, quod dignitatem Archiepiscopatus Emeritæ urbis, quæ Metropolis esse solet in terra Sarracenorum, beatus Papa Calixtus, bonæ memoriæ dignus, basilicæ sancti Jacobi et urbi eiusdem translatavit et dedit amore et honore Apostoli; ac per hoc, Didacum nobilissimum virum primitus Archiepiscopum in Apostolica Sede Compostellana ordinavit, et corroboravit. Erat enim ipse Didacus antea sancti Jacobi episcopus.

Caput X. — *De numero canonicorum sancti Jacobi.*

Huic insuper ecclesiæ, ut fertur, prætitulati sunt juxta numerum septuaginta duorum discipulorum Christi, canonici septuaginta duo, beati Isidori Hispaniensis doctoris regulam tenentes. His autem dividuntur altaris sancti Jacobi oblationes per singulas hebdomadas. Primo dantur oblationes in prima hebdomada; secundo in secunda; tertio in tertia; deinde aliis usque ad ultimum largiuntur. In dominica quaque die, ut fertur, fiunt tres partes oblationum, quarum prima accipit hebdomadarius, cui evenit; ex aliis vero duabus partibus, iterum in simul commixtis, fiunt tres partes, quarum una communiter datur canonicis ad prandium, alia operi basilicæ, alia archiepiscopo ecclesiæ. Sed hebdomada, quæ est inter Palmos et Pascham, debet dari rite pauperibus peregrinis sancti Jacobi in hospitali. Immo, si justitia Dei teneatur, decima pars oblationum altaris sancti Jacobi omni tempore pauperibus in hospitali supervenientibus dari debetur. Omnes enim peregrini pauperes prima nocte post diem, qua beati Jacobi altare adveniunt, in hospitali plenarium hospitium, amore Dei et Apostoli, suscipere debent; ægri vero usque ad mortem, vel ad integram sanitatem ibi charitative sunt procurandi; sic enim apud sanctum Leonardum agitur. Quot pauperes peregrinantes ibi adveniunt, tot refectionem accipiunt. Debent etiam dari ex more oblationes, quæ veniunt ad altare a mane summo usque ad tertiam, per unumquemque Dominicum diem leprosis ejusdem urbis. Quod si aliquis Prælatus ejusdem Basilicæ ex hoc fraudem fecerit, vel in alio modo oblationes dandas, ut præfati sumus, converterit, inter Deum et illum peccatum illius sit.

Caput XI. — *Quod peregrini sancti Jacobi sint recipiendi.*

Peregrini, sive pauperes sive divites, a liminibus sancti Jacobi redeuntes, vel advenientes, omnibus gentibus charitative sunt recipiendi et venerandi; nam quicumque illos receperit et diligenter procuraverit hospitio, non solum beatum Jacobum, verum etiam ipsum Dominum hospitem habebit; ipso Domino in Evangelio dicente: *Qui vos recipit, me recipit.* Fuere olim multi, qui iram Dei incurrerunt, idcirco quia sancti Jacobi peregrinos, et egenos, recipere noluerunt. Apud Nautuaium, quæ est villa inter Gebennam et Lugdunum, cujusdam texentis, panem peregrino sancti Jacobi sibi petenti negantis, tela per medium rupta solo subito cedidit. Apud Villam-Novam quidam sancti Jacobi peregrinus egenus cuidam mulieri, panem sub cineres calidos habenti, eleemosynam amore Dei et beati Jacobi petivit; quæ respondit se panem non habere. Cui peregrinus ait: *Utinam panis quem habes, lapis esset!* Cumque peregrinus ille, recedens a domo illa, longe distaret; accessit mulier illa nequam ad cineres, putans panem suum capere; lapidem rotundum in loco panis reperit. Quæ corde pœnitens, illico insequuta, peregrinum non invenit. Apud urbem Pictavorum duo heroes Galli, sine proprio a sancto Jacobo olim redeuntes, a domo Joannis Gauterii usque ad sanctum Porcarium hospitium amore Dei et sancti Jacobi petierunt, nec invenerunt. Cumque in æde novissima illius vici, scilicet juxta beati Porcarii basilicam, apud quemdam pauperem hospitati essent, ecce enim, divina operante ultione, totum vicum velocissimus rogus, incipiens ab æde, qua prius hospitium petierant, usque ad illam qua hospitati erant, nocte illa combussit; et erant ædes circiter mille; illa vero domus qua servi Dei hospitati erant, Dei gratia illæsa remansit. Quapropter sciendum, quod sancti Jacobi peregrini, sive pauperes sive divites, jure sunt recipiendi, et diligenter procurandi.

Explicit codex quartus sancti Jacobi Apostoli.

Ipsum scribenti sit gloria sitque legenti.

www.ingramcontent.com/pod-product-compliance
Lightning Source LLC
LaVergne TN
LVHW022113080426
835511LV00007B/794